いちばん
やさしい

Word
2019

スクール標準教科書 基礎

日経BP

はじめに

本書は次の方を対象にしています。

■ Word 2019 を初めて使用される方。

■ 日本語入力の操作ができる方。

制作環境

本書は以下の環境で制作、検証しました。

■ Windows 10 Enterprise（日本語版）をセットアップした状態。

　※ほかのエディションやバージョンの Windows でも、Office 2019 が動作する環境であれば、ほ
　　ぼ同じ操作で利用できます。

■ Microsoft Office Professional Plus 2019（日本語デスクトップ版）をセットアップし、Microsoft
　アカウントでサインインした状態。マウスとキーボードを用いる環境（マウスモード）。

■ 画面の解像度を 1280 × 768 ピクセルに設定し、ウィンドウを全画面表示にした状態。

　※上記以外の解像度やウィンドウサイズで使用すると、リボン内のボタンが誌面と異なる形状で
　　表示される場合があります。

■ プリンターをセットアップした状態。

　※ご使用のコンピューター、プリンター、セットアップなどの状態によって、画面の表示が本書
　　と異なる場合があります。

リボンインターフェイスの外観

本書では、解像度が 1280 × 768 ピクセルの画面上に、最大化した状態のウィンドウを説明図とし
て挿入しています。Word 2019 で採用されているリボンインターフェイスは、ウィンドウのサイズ
によってリボン内の機能ボタンの表示が変化するため、本書と学習中の画面のボタンの形状が若干
異なる場合があります。

《本書のリボンインターフェイスの外観》

《ウィンドウサイズが小さい状態のリボンインターフェイスの外観》

おことわり

本書発行後（2020 年 8 月以降）の機能やサービスの変更により、誌面の通りに表示されなかったり
操作できなかったりすることがあります。その場合は適宜別の方法で操作してください。

事前の設定

画面を誌面掲載と同じ状態にして学習するには、Word 2019 を以下の設定にしてください。

● 編集記号を表示する

［ホーム］タブの［編集記号の表示 / 非表示］ボタンをクリックしてオンにします。

● ルーラーを表示する

［表示］タブの［ルーラー］チェックボックスをオンにします。

● ステータスバーに行番号を表示する

ウィンドウ下部のステータスバーを右クリックし、［行番号］をオンにします。

表記

○ **画面に表示される文字**

メニュー、コマンド、ボタン、ダイアログボックスなどで画面に表示される文字は、角かっこ（［　］）で囲んで表記しています。アクセスキー、コロン（:）、省略記号（…）、チェックマークなどの記号は表記していません。なお、ボタン名の表記がないボタンは、マウスでポイントすると表示されるポップヒントで表記しています。

○ **キー表記**

本書のキー表記は、どの機種にも対応する一般的なキー表記を採用しています。なお、2 つのキーの間にプラス記号（+）がある場合は、それらのキーを同時に押すことを示しています。

○ **マウス操作**

用語	意味
ポイント	マウスポインターを移動し、項目の上にポインターの先頭を置くこと
クリック	マウスの左ボタンを 1 回押して離すこと
右クリック	マウスの右ボタンを 1 回押して離すこと
ダブルクリック	マウスの左ボタンを 2 回続けて、すばやく押して離すこと
ドラッグ	マウスの左ボタンを押したまま、マウスを動かすこと

○ **マーク**

マーク	内容
STEP	操作の目的・概要
1	操作の手順
→	操作の結果
💬	操作に関する補足
OnePoint	補足的な情報

○ クラウド（OneDrive）の利用について

本書では、学習者の環境の違いを考慮し、ファイルの保存先をローカルに指定しています。クラウドへの保存操作は取り上げておりません。

○ 拡張子について

本書ではファイル名に拡張子を表記しておりません。操作手順などの画面図にも拡張子が表示されていない状態のものを使用しています。

実習用データ

本書で学習する際に使用する実習用データ（サンプルファイル）を、以下の方法でダウンロードしてご利用ください。

ダウンロード方法

① 以下のサイトにアクセスします。

https://nkbp.jp/86491

② ［実習用データのダウンロード］をクリックします。

※ファイルのダウンロードには日経IDおよび日経BOOKプラスへの登録が必要になります（いずれも登録は無料）。

③ 表示されたページにあるそれぞれのダウンロードのアイコンをクリックして、適当なフォルダーにダウンロードします。

④ ダウンロードした zip 形式の圧縮ファイルを展開すると［スクール基礎_Word2019］フォルダーが作成されます。

⑤ ［スクール基礎_Word2019］フォルダーを［ドキュメント］フォルダーなどに移動します。

ダウンロードしたファイルを開くときの注意事項

インターネット経由でダウンロードしたファイルを開く場合、「注意──インターネットから入手したファイルは、ウイルスに感染している可能性があります。編集する必要がなければ、保護ビューのままにしておくことをお勧めします。」というメッセージバーが表示されることがあります。その場合は、［編集を有効にする］をクリックして操作を進めてください。

ダウンロードした zip ファイルを右クリックし、ショートカットメニューの［プロパティ］をクリックして、［全般］タブで［ブロックの解除］を行うと、上記のメッセージが表示されなくなります。

実習用データの内容

実習用データには、本書の実習で使用するデータと CHAPTER ごとの完成例などが収録されています。詳細については［スクール基礎_Word2019］フォルダー内にある［スクール基礎_Word2019_実習用データ.pdf］を参照してください。

Contents　いちばんやさしい Word 2019 スクール標準教科書　基礎

CHAPTER 1 Wordとは

CHAPTER 2 文字の書式を設定する

CHAPTER 3 段落の書式を設定する

CHAPTER 4 文書に表を挿入する

CHAPTER 5 移動やコピーで文書を編集する

CHAPTER **6** 文書に画像を挿入する

1

Wordとは

Word（ワード）とはどのような役割を持つアプリケーションソフト（アプリ）なのでしょうか。ここではWordを使うための第一歩として、Wordで作成できる文書の例と、Wordを使うための基礎的な知識を学習します。

1-1 Wordでできること

Word（ワード）は、仕事や生活で使うさまざまな文書（書類）を作成できるアプリケーションソフトです。一般的なお知らせ文書の他にも、手紙やはがき、チラシ、旅行記、名刺など、多種多様な文書を作成することができます。もちろん作った文書は印刷することもできます。

Word で作成できるさまざまな文書

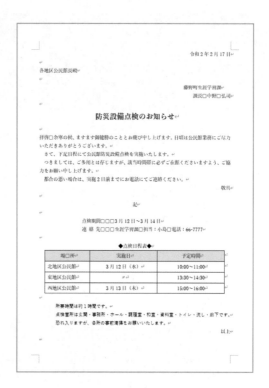

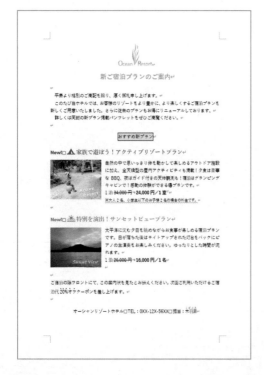

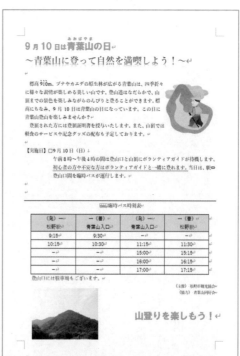

Word でできるさまざまな設定や効果

① 行の右端や中央など文字列を配置する位置を指定できます。

② 文字のサイズや書体などを自由に変更できます。

③ 行の開始位置を自由に指定できます。

④ 表を挿入することができます。

⑤ 色や下線などさまざまな方法で文字を装飾できます。

⑥ イラストや写真などの画像を挿入し、自由に配置できます。

2020 年 3 月 1 日

自治会員各位

① 桜ヶ丘自治会
会長□上田明夫

② **お花見会のお知らせ**

拝啓□早春の候、ますます御健勝のこととお慶び申し上げます。日頃は自治会活動にご協力を賜り誠にありがとうございます。

さて、恒例となっております「春のお花見会」を下記のとおり開催いたします。桜の花の下で親睦を深め、心身ともにリフレッシュしましょう。当日はお弁当と飲み物、お菓子をご用意いたします。

つきましては、以下の申し込み用紙に必要事項をご記入のうえ、3 月 20 日までに各班長または会長（上田）までご提出ください。

---

③
開 催 日 時□□□4 月 2 日（土）□午前 11 時〜午後 2 時□※雨天の場合は中止
場 　 　 所□□□桜ヶ丘公園（東口付近）
参 　 加 　 費□□□500 円／1 名（中学生以下は無料）
持 　 ち 　 物□□□レジャーシート等の敷物は各人でご用意ください

以上

キリトリ

【お花見会□参加申込書】

④

参加者氏名	※代表者 1 名の氏名を記入
所属班	第（□□□）班
参加人数	大人（□□□）名□／□中学生以下（□□□）名

New!□ ⛰ 家族で遊ぼう！アクティブリゾートプラン ⑤

⑥

自然の中で思いっきり体を動かして楽しめるアウトドア施設に加え、全天候型の屋内アクティビティも満載！夕食は豪華な BBQ、夜はガイド付きの天体観測も！宿泊はグランピングキャビンで！感動の体験ができる得プランです。

1 泊 ~~34,000 円~~ ⇒**24,000 円／1 室**※

※大人 2 名、小学生以下のお子様 2 名の場合の料金です。

New!□ 🌅 特別を演出！サンセットビュープラン

太平洋に沈む夕日を眺めながらお食事が楽しめる宿泊プランです。日が落ちた後はライトアップされた灯台をバックにピアノの生演奏をお楽しみください。ゆったりとした時間が流れます。

1 泊 ~~26,000 円~~ ⇒**16,000 円／1 名**

Word で作成できる文書にはさまざまなパターンがありますが、本書では Word を使う上で誰もが身に付けておきたい基礎力を養います。それでは学習を始めましょう。

LESSON 1 | Wordを起動する

Wordを使うには、最初に起動と呼ばれる操作が必要です。起動とは、Wordを画面上に呼び出して使える状態にすることです。起動はスタート画面から行います。スタート画面は[スタート]ボタンをクリックすることで表示されます。[スタート]ボタンは画面左下にあります。

[スタート]ボタン

スタート画面

STEP スタート画面からWordを起動して、白紙の文書を表示する

1 画面左下の[スタート]ボタンをクリックします。

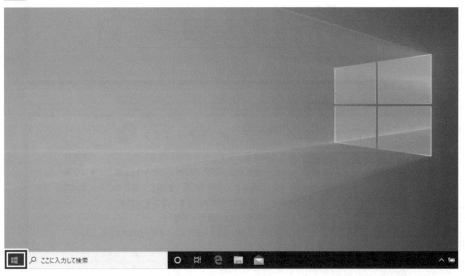

→ スタート画面が表示されます。

2 スタート画面のアプリの一覧の右側にマウスポインターを合わせます。

→ スクロールバーが表示されます。

3 表示されたスクロールバーを下方向にドラッグします。

スタート画面に表示される内容は、お使いのパソコンの設定や環境によって異なります。

4 一覧から［Word］をクリックします。

アプリの種類や順番はお使いのパソコンの設定や環境によって異なることがあるため、Word 2019 が左図と異なる位置にある場合もあります。

→ Word の起動が始まります。

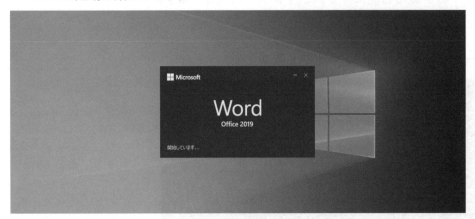

左図が表示されている
間は Word の起動中で
す。

→ Word の起動が完了し、テンプレートの選択ができる［ホーム］画面が表示されます。

5 ［白紙の文書］をクリックします。

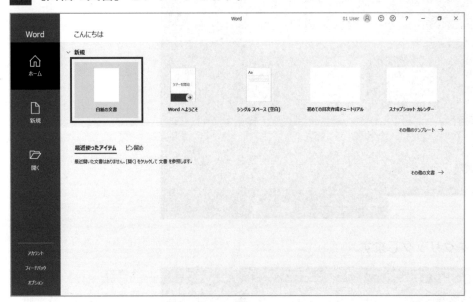

［白紙の文書］の他に
表示されているテンプ
レートの内容は変わる
こともあります。

→ Word に "白紙の文書" が表示されました。

⦿ One Point　画面の表示モードについて

Word には "印刷レイアウト"、"閲覧"、"Web レイアウト" といった表示モードがあり、作業の目的に応じてそれぞれを使い分けることができます。通常の編集時は "印刷レイアウト" を使用します。

この時点でそれ以外の表示モードになっている場合は、画面の下部にある［印刷レイアウト］ボタンをクリックして、表示モードを印刷レイアウトに切り替えます。

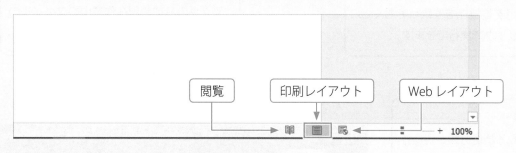

閲覧　　印刷レイアウト　　Web レイアウト

⦿ One Point　テンプレートについて

Word の起動直後に、さまざまな目的や形式に沿うテンプレート（文書のサンプルのようなもの）の選択画面が表示されます。表示される内容は常に同じではなく、Windows や Office のアップデートおよび更新プログラムによって新しいテンプレートが追加されたり、以前あったテンプレートが無くなったりすることもあります。

自分が作成したいと考えている文書に類似したテンプレートがある場合は、それを利用して文書を作成していくこともできます。ただし、テンプレートには複雑な設定や書式が組み込まれていることも多く、初心者にとってはどう使ったらよいか反対に分かりにくい面もあります。

本書では白紙の状態から自分で文書を作成する技術を学ぶことを前提としているため、テンプレートは使用せず解説していきます。

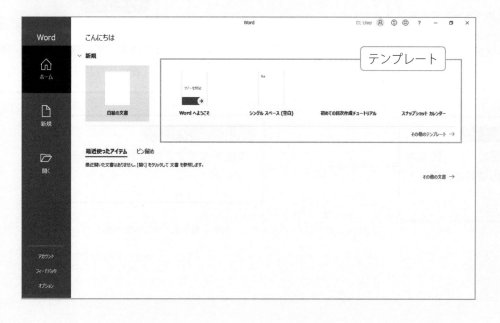

テンプレート

LESSON 2 | Wordの画面構成を確認する

クイックアクセスツールバー
よく使用する機能を登録しておくと、ワンクリックで実行できます。

タイトルバー
アプリの名前や現在作業中のファイルの名前が表示されます。

タブ
表示される機能分類を切り替えるときに使用します。

リボン
機能を実行するためのボタンが並んでいます。多くの機能はここから使用します。

水平 / 垂直ルーラー
文字の位置や行番号を確認できます。
※水平 / 垂直ルーラーを表示するには［表示］タブの［ルーラー］チェックボックスをクリックしてオンにします。

カーソル
文字が入力される位置を示す目印です。点滅する黒い線で表示されます。

ステータスバー
作成中の文書のページ数や総文字数などの情報を確認できます。

文書ウィンドウ
文書を作成するための用紙が表示されます。

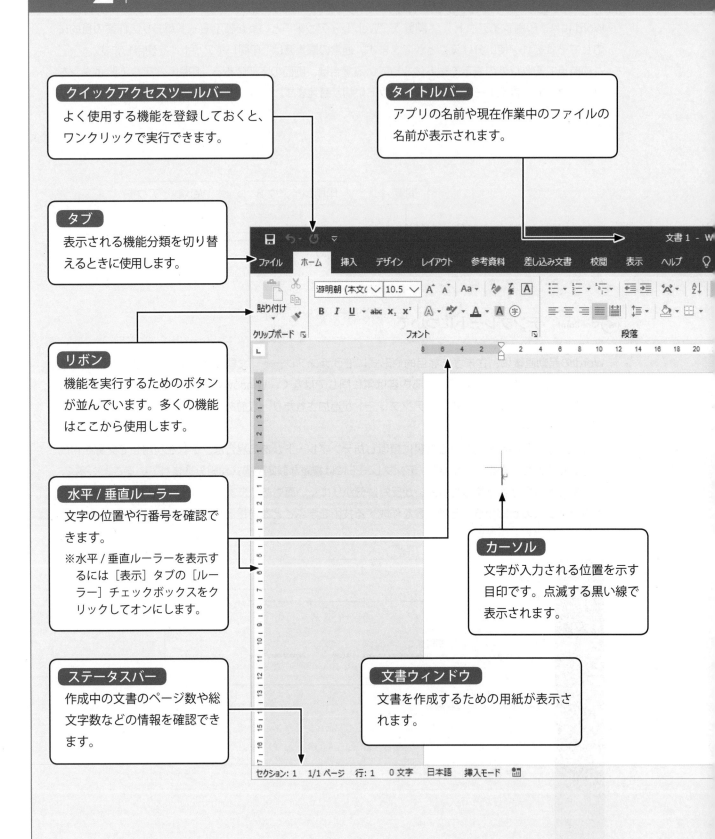

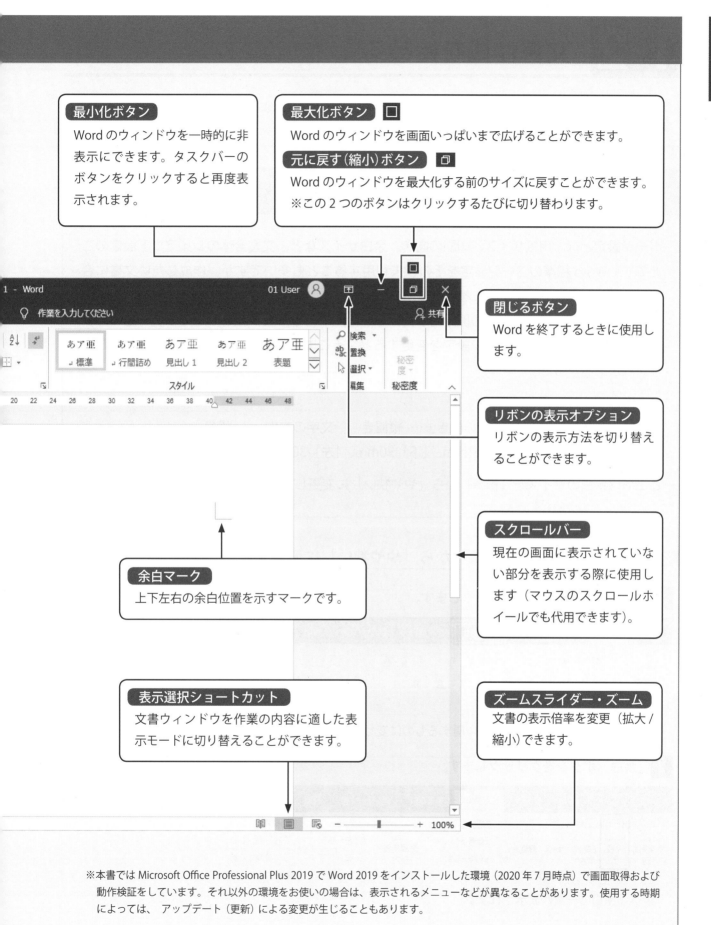

最小化ボタン
Wordのウィンドウを一時的に非表示にできます。タスクバーのボタンをクリックすると再度表示されます。

最大化ボタン □
Wordのウィンドウを画面いっぱいまで広げることができます。

元に戻す(縮小)ボタン ▣
Wordのウィンドウを最大化する前のサイズに戻すことができます。
※この2つのボタンはクリックするたびに切り替わります。

閉じるボタン
Wordを終了するときに使用します。

リボンの表示オプション
リボンの表示方法を切り替えることができます。

スクロールバー
現在の画面に表示されていない部分を表示する際に使用します(マウスのスクロールホイールでも代用できます)。

余白マーク
上下左右の余白位置を示すマークです。

表示選択ショートカット
文書ウィンドウを作業の内容に適した表示モードに切り替えることができます。

ズームスライダー・ズーム
文書の表示倍率を変更(拡大/縮小)できます。

※本書ではMicrosoft Office Professional Plus 2019でWord 2019をインストールした環境(2020年7月時点)で画面取得および動作検証をしています。それ以外の環境をお使いの場合は、表示されるメニューなどが異なることがあります。使用する時期によっては、アップデート(更新)による変更が生じることもあります。

1-2 文書作成を始める

Word を起動して、白紙の文書を表示した後は、何から取り掛かればよいのでしょうか。ここでは一般的な案内文書を作ることを想定し、その手順を紹介していきます。

LESSON 1 | ページ設定を行う

ページ設定とは、用紙サイズ、印刷の向き、余白サイズなど、文書全体のレイアウト設定のことです。Word 標準のページ設定をそのまま利用することも多いですが、作成したい文書に合わせてページ設定を変更することもできます。

ページ設定の変更は文書作成の開始時または早い段階で行うことが望ましいです。一定の形まで完成した時点で文書のページ設定を変更すると、そこまでに整えたレイアウトが崩れてしまう恐れがあるからです。

■標準のページ設定

　用紙サイズ …… A4　　　印刷の向き …… 縦置き　　　文字の方向 …… 横書き
　余白のサイズ …… ［上］35.01mm、［下］30mm、［左］30mm、［右］30mm

ここでは余白のサイズを［標準］から［やや狭い］に変更してみます。

STEP ▶ **余白のサイズを［標準］から［やや狭い］に変更する**

1 ［レイアウト］タブをクリックします。

→ リボンの内容が［レイアウト］に関するものに変わりました。

2 ［余白］ボタンをクリックします。

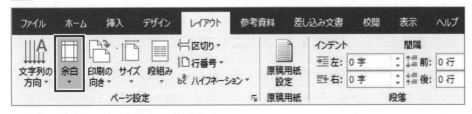

→ 選べる余白の一覧が表示されます。

3 一覧から［やや狭い］をクリックします。

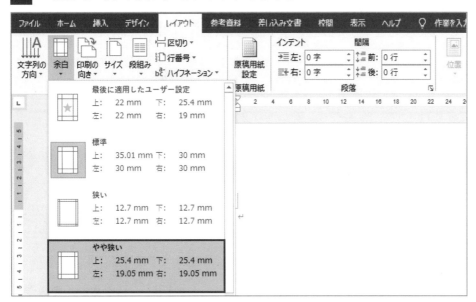

→ 余白サイズを変更できました。

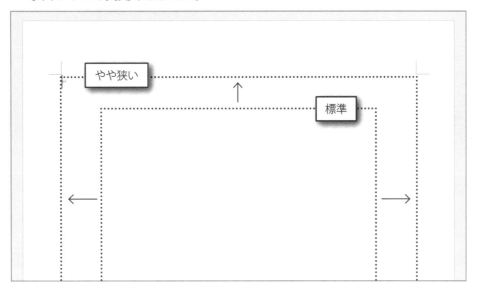

ここに表示されている余白サイズの一覧はWord によって前もって用意されたサンプルです。
ここから選んで変更する他に、詳細な指定を行って変更する方法もあります（P.15 のOnePoint 参照）。

今回は［標準］から［やや狭い］という、変化の少ない変更ですので少し分かりにくいですが、最初よりも現在の余白サイズのほうが小さくなっています。

STEP **垂直方向にスクロールして下余白を確認する**

1 垂直スクロールバーのスクロールボックスにマウスポインターを合わせます。

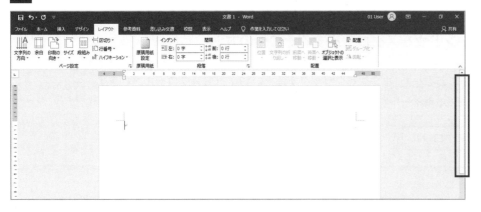

2 文書の一番下が見えるまで下方向にドラッグします。

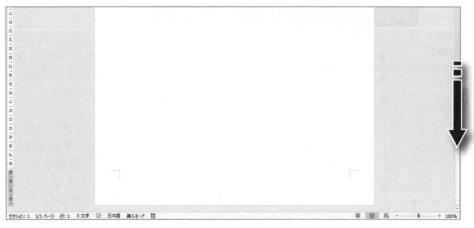

→ 下余白が確認できました。

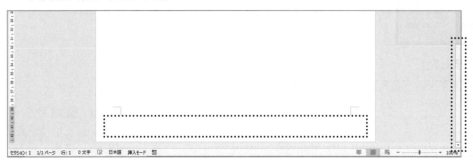

スクロールの操作は、文書の見えていない部分を確認するために必要な操作です。

3 スクロールボックスを一番上までドラッグします。

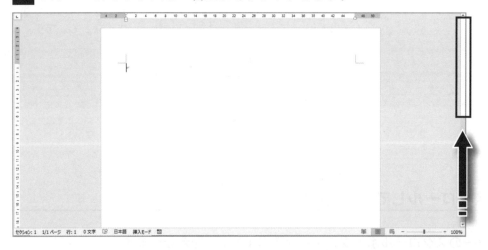

OnePoint 文書ウィンドウをスクロールするその他の方法

スクロールバーの上下にある ▲ ▼ ボタンをクリックすると、約1行分スクロールされます。
また、マウスのスクロールホイールを前後に動かしてもスクロールすることができます。

上方向にスクロール

下方向にスクロール

STEP 現在の文字列の方向、印刷の向き、用紙サイズの設定を確認する

1 ［レイアウト］タブの［文字列の方向］ボタンをクリックします。

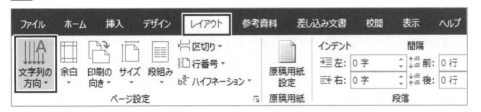

2 文字列の方向が［横書き］になっていることを確認します。

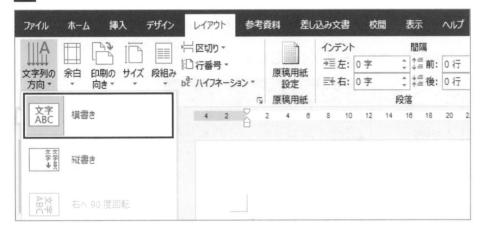

初期設定では［横書き］に設定されています。［縦書き］を選択すると文字列を縦書きに変更できます。その際、自動的に印刷の向きが横置きに変更されます（再度縦置きに戻すことも可能です）。

3 再度［文字列の方向］ボタンをクリックして一覧を閉じます。

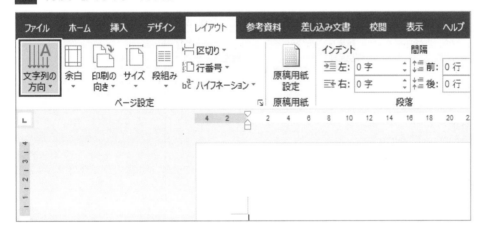

一覧を閉じるその他の方法としては、ボタン以外の場所をクリックする操作があります。どちらの方法で閉じてもかまいません。

4 ［レイアウト］タブの［印刷の向き］ボタンをクリックします。

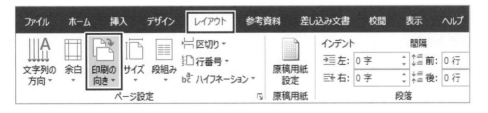

5 ［縦］が選ばれていることを確認します。

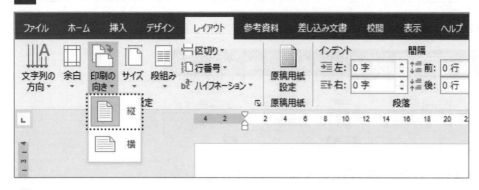

6 再度［印刷の向き］ボタンをクリックして、一覧を閉じます。

7 ［レイアウト］タブの［サイズ］ボタンをクリックします。

8 ［A4］が選ばれていることを確認します。

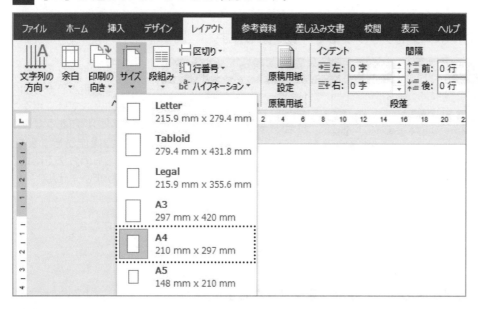

9 再度［サイズ］ボタンをクリックして、一覧を閉じます。

→ 現在のページ設定を確認できました。

⊕OnePoint　詳細なページ設定が行える［ページ設定］ダイアログボックス

詳細なページ設定を行いたい場合は、［ページ設定］ダイアログボックスを利用します。
［ページ設定］ダイアログボックスは、［レイアウト］タブの［ページ設定］グループの □ ［ページ設定］
をクリックすることで表示できます。

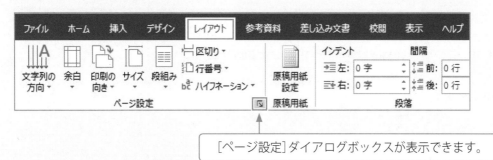

> ［ページ設定］ダイアログボックスが表示できます。

［ページ設定］ダイアログボックスの［文字数と行数タブ］

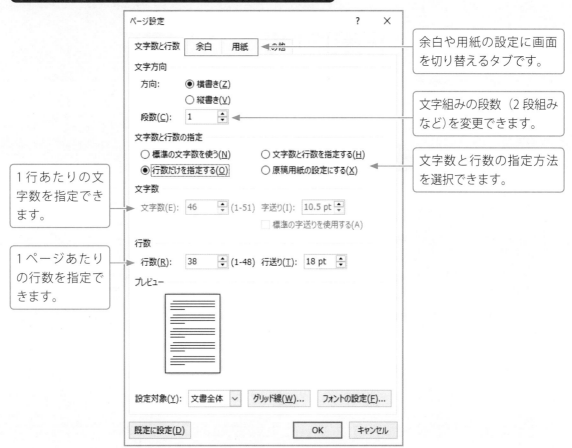

> 余白や用紙の設定に画面を切り替えるタブです。

> 文字組みの段数（2段組みなど）を変更できます。

> 文字数と行数の指定方法を選択できます。

> 1行あたりの文字数を指定できます。

> 1ページあたりの行数を指定できます。

[ページ設定] ダイアログボックスの [余白] タブ

余白サイズを数値
で指定できます。

用紙の向きを変更
できます。

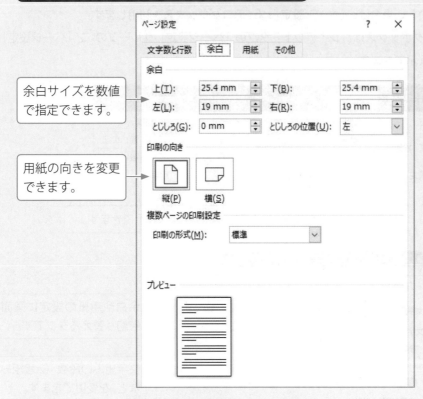

[ページ設定] ダイアログボックスの [用紙] タブ

用紙サイズを定型
のサイズから選択
できます。

用紙サイズを任意
のサイズに指定で
きます。

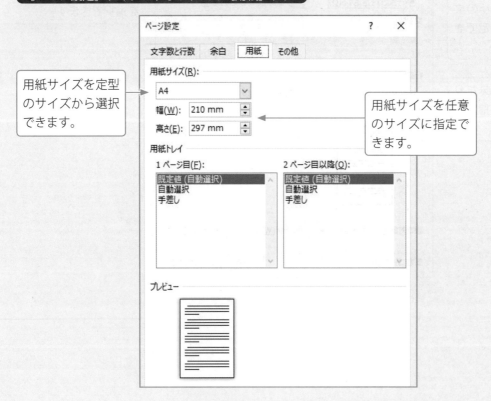

LESSON 2 | 発信日、宛名、発信者名、表題を入力する

作成したい文書の種類にもよりますが、Word では必要な文字入力を済ませてから、配置を整えたり、装飾を施したりするほうが効率が良いとされています。

ここでは下図の例のように発信日、宛名、発信者名、表題（タイトル）を入力します。通常、発信日や発信者名は右揃え、表題は中央揃えするものですが、これらの設定は後で行うため、この時点ではすべて左揃えのままで入力します。

```
2020 年 3 月 1 日↵  ……… 発信日（書類を発送する日）
自治会員各位↵      ……… 宛名（受信者名）
桜ヶ丘自治会↵  ⎫
              ⎬ ……… 発信者名
会長□上田明夫↵ ⎭
↵
お花見会のお知らせ↵ ……… 表題（タイトル）
↵
↵
```

⟵ OnePoint   英数字や記号の"半角"、"全角"について

英数字や記号には"半角"と"全角"という 2 つの種類があります（漢字、ひらがなは全角のみ）。

文書が使われる場面によっても異なりますが、1 つの文書の中で半角の英数字と全角の英数字が混在することは望ましくないとされています。また、最近の傾向としては英数字は半角で入力することが多くなっています。本書で作成するサンプル文書の英数字も原則は半角で入力しています。

半角と全角は、文字の幅や文字の間隔が違うことで見分けられますが、初めのうちは違いが分かりにくいかもしれません。特に英数字を 1 文字だけ入力したときは区別がつきにくいため、変換の際に表示される［全］、［半］の表記を目安にするとよいでしょう。

全角の英数字、記号	半角の英数字、記号	変換候補に表示される全角、半角
ＡＢＣＤＥＦＧ １２３４５ ！＃＄％＆（　）	ABCDEFG 12345 !#$%&( )	

STEP 1行目に文書の発信日を入力する

1 文書の1行目にカーソルがあることを確認します。

2 画面右下のインジケータに **あ** と **A** のどちらが表示されているかを確認します。

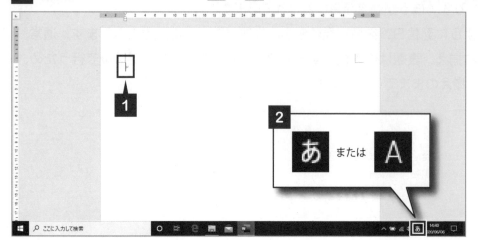

📝
[あ] は日本語が入力
できる状態、[A] は英
数字のみが入力できる
状態（日本語は入力で
きない）を表します。

3 インジケータに **A** と表示されていた場合は、半角/全角キーを押します。

📝
インジケータの [A]
を直接クリックして
[あ] に切り替える方
法もあります。

→ 日本語が入力できる状態になります。

4 「2020ねん」と入力し、スペースキーまたは変換キーを押します。

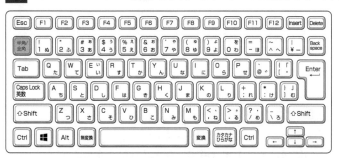

📝
この操作を"変換"と
呼びます。

→ 入力した "2020 ねん" の文字列が "2020 年" に変換されます。

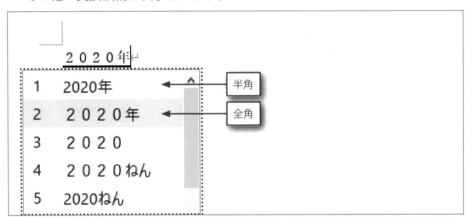

5 再度スペースキーまたは変換キーを押します。

→ その他の変換候補が表示されます。

1	2020年	← 半角
2	２０２０年	← 全角
3	２０２０	
4	２０２０ねん	
5	2020ねん	

6 半角の数字の「2020 年」の位置までスペースキーまたは変換キーを押します。

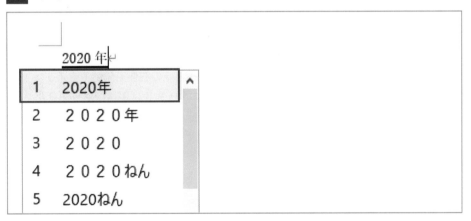

スペースキーまたは変換キーはトントンと打つように押します。押さえ続けないように気を付けてください。
最後の変換候補の位置でさらにスペースキーまたは変換キーを押すと先頭の変換候補に戻ります。

7 Enter キーを押します。

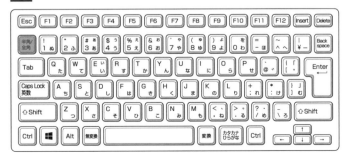

この操作を "確定" と呼びます。

8 同様の操作で「3 がつ 1 にち」と入力し、変換します。

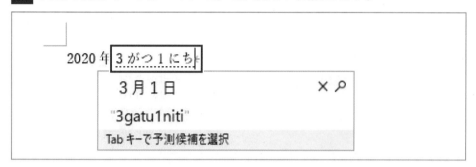

3 と 1 の数字は半角で
入力します。

9 Enter キーを押して確定します。

→ 発信日を入力できました。

入力後または変換後に
Enter キーを押して決
定する操作を "確定"
と呼びます。

OnePoint 画面の表示を拡大 / 縮小する

入力した文字が小さすぎる、または大きすぎて見づらい場合は、表示を拡大 / 縮小することができます。
表示の拡大 / 縮小には画面右下の "ズームスライダー" を使用します。
スライダーの ＋、－ をクリックすることで 10% ずつの拡大縮小が行えます。また、▮を左右にドラッグしても拡大 / 縮小することができます。現在の表示倍率はズームスライダーの右側で確認できます。
なお、この拡大/縮小の効果は画面の表示上だけのものです。印刷時の文字の大きさに影響はありません。

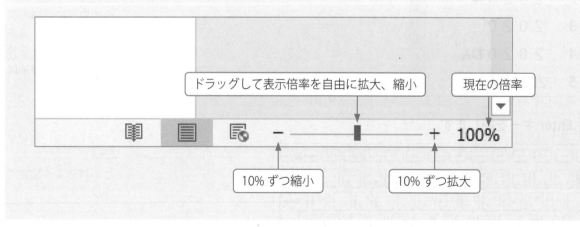

STEP **2 行目以降に宛名、発信者名、表題を入力する**

1 1 行目の末尾にカーソルがあることを確認します。

2 Enter キーを押します。

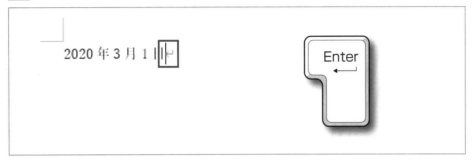

→ 1 行下にカーソルが移動しました。

この操作を " 改行 " と
呼びます。
改行した位置には " 段
落記号 " （↵）と呼ば
れる編集記号が表示さ
れます。この記号は印
刷されません。

3 下図のように宛名を入力します。

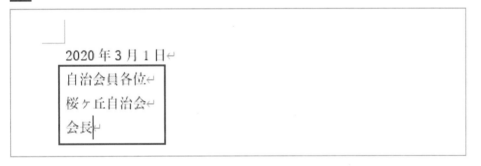

4 スペースキーを押します。

この操作は " 空白文字 "
（スペース）を入力す
るための操作です。
空白文字はスペース
キーで入力でき、主に
文字と文字の間に間隔
を設けたいときに入力
します。

→ 空白文字が入力できました。

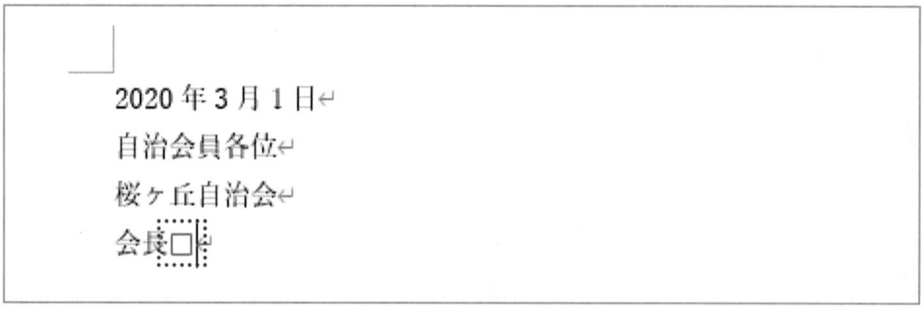

> 2020 年 3 月 1 日↵
> 自治会員各位↵
> 桜ヶ丘自治会↵
> 会長□

□は空白文字を表す編集記号です。
この編集記号が表示されない場合は、P.23 の OnePoint を参照してください。

5 下図のように名前を入力します。

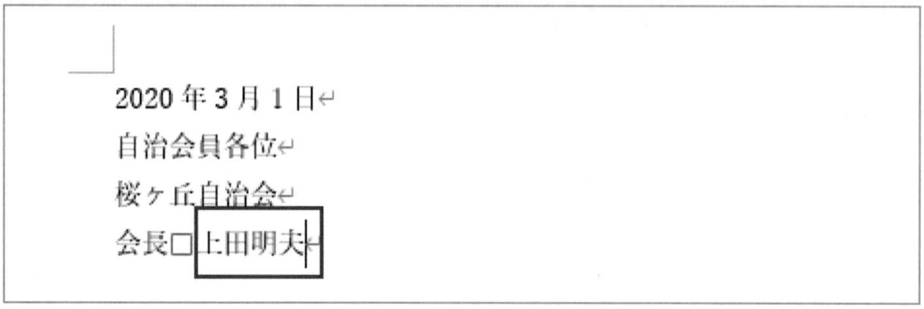

> 2020 年 3 月 1 日↵
> 自治会員各位↵
> 桜ヶ丘自治会↵
> 会長□上田明夫

6 Enter キーを 2 回押し、続けて 2 行改行します。

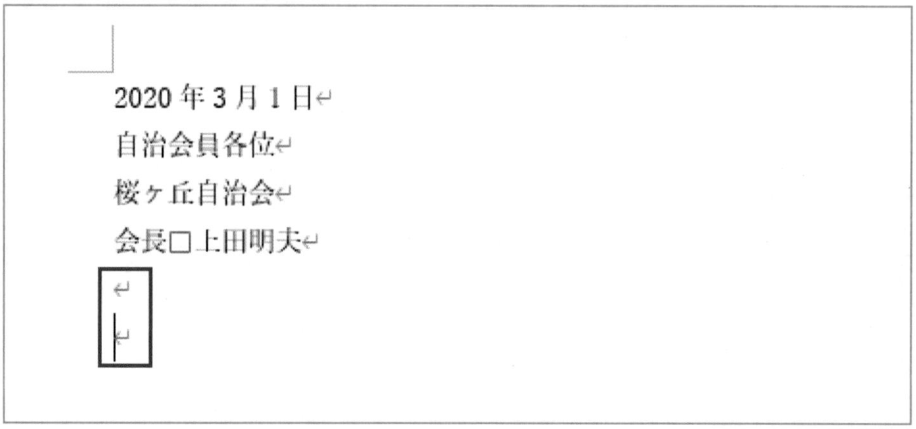

> 2020 年 3 月 1 日↵
> 自治会員各位↵
> 桜ヶ丘自治会↵
> 会長□上田明夫↵
> ↵

Enter キーを続けて押すことで、行と行の間に間隔を設けることができます。
このように何も入力しないで改行した行を、一般的に " 空白行 " と呼びます。

7 下図のように文書の表題を入力します。

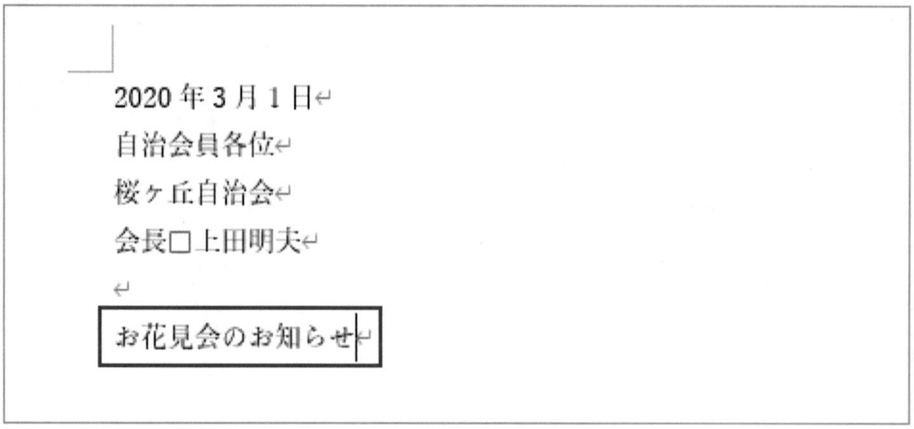

> 2020 年 3 月 1 日↵
> 自治会員各位↵
> 桜ヶ丘自治会↵
> 会長□上田明夫↵
> ↵
> お花見会のお知らせ

送付状や案内状などでは、一目で文書の内容が分かる表題を入力するのが一般的です。

8 以後の操作のために Enter キーを 2 回押し、2 行改行します。

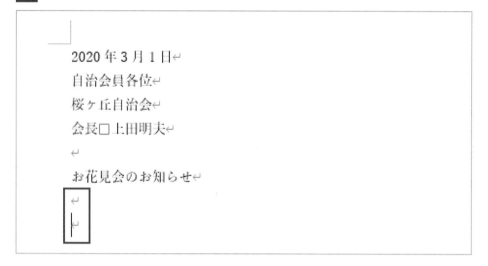

⊙ One Point　編集記号の表示 / 非表示を切り替えるには

編集記号とは、空白文字（□）などの特殊な文字を入力した際に表示される記号のことで、表示していると文書の状態を把握しやすくなります。

編集記号の表示 / 非表示は［ホーム］タブの［編集記号の表示 / 非表示］ボタンで切り替えることができます。編集記号は表示 / 非表示の状態にかかわらず印刷はされません。

なお、段落記号（↵）も編集記号ですが、こちらは［編集記号の表示 / 非表示］ボタンでは切り替えることはできません。［ファイル］タブの［オプション］をクリックし、［Word のオプション］ダイアログボックスを表示します。左側の一覧の［表示］をクリックして［常に画面に表示する編集記号］で設定する必要があります。

⊙ One Point　改行を削除するには

誤った位置で改行してしまった場合は、段落記号（↵）を消すことで不要な改行を削除できます。
段落記号も通常の文字と同じく Backspace キーや Delete キーで消去できます。どちらのキーを使うかはカーソルの位置によって変わります。

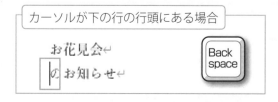

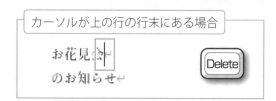

LESSON 3 | 本文、記書きを入力する

文書の本文は、前文＋主文＋末文で構成されることが多く、前文は "拝啓" や "謹啓" などの頭語で始まります。頭語の後は1文字空白を設けて時候、安否、感謝のあいさつ文を続けるのが一般的で、Word では定型文から選んで入力することができます。

主文には文書の用件を入力します。前文から改行して1文字字下げして入力することが多く、Word では最初の段落を自分で字下げすると、それ以降の段落は自動的に字下げされる入力オートフォーマット機能が働きます。

末文は結語で結ぶことが多く、頭語とペアで使用します。"拝啓" に対しては "敬具" というように組み合わせが決まっています。こちらも入力オートフォーマットの働きによって組み合わせを間違うことなく入力できます。

また、本文の後には、本文に書くと複雑になりがちな用件や事項を箇条書き形式にまとめて表記した記書きを入力します。記書きは多くの場合 "記" で始まり "以上" で終わります。この組み合わせも入力オートフォーマットの働きによって自動的に入力されます。また "記" の文字は自動的に行の中央に配置されます。

STEP 頭語と結語を入力する

1 8行目に「拝啓」と入力します。

2 スペースキーを押して、全角の空白文字を入力します。

→ "拝啓"（頭語）に対応する "敬具"（結語）が自動的に入力されました。

```
↵
お花見会のお知らせ↵
↵
拝啓□|
↵
                                        敬具↵
↵
□↵
```

One Point　その他の頭語と結語の組み合わせ

頭語と結語の組み合わせは、Word の入力オートフォーマットで表示されるもの以外にもたくさんあります。自動的に入力された結語を削除して、別の文字に入力し直すこともできます。

　その他の頭語と結語の一例

【丁寧】謹啓　→　謹白　　　【返信】拝復　→　敬具

【急用】急啓　→　早々　　　【略式】前略　→　早々

STEP　3月のあいさつ文を入力する

1　あいさつ文を挿入したい位置にカーソルがあることを確認します。

```
お花見会のお知らせ↵
↵
拝啓□|↵
↵
```

2　[挿入] タブの [あいさつ文] ボタンをクリックします。

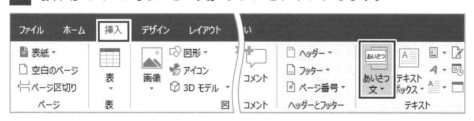

3　一覧から [あいさつ文の挿入] をクリックします。

→ ［あいさつ文］ダイアログボックスが表示されます。

4 月を選択するボックスの ✓ をクリックします。

5 一覧から［3］をクリックします。

→ 時候の挨拶が 3 月の内容に変化します。

6 ［3月のあいさつ］の一覧から［早春の候］をクリックします。

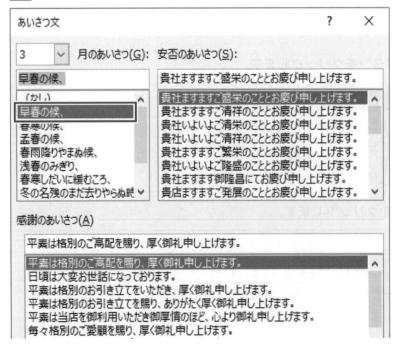

このような選択様式を
ドロップダウンリスト
と呼びます。
ドロップダウンリスト
の右側のスクロール
バーを利用すれば、非
表示になっている選択
肢を表示できます。

このような選択様式を
リストボックスと呼び
ます。
リストボックスの右側
のスクロールバーを利
用すれば、非表示に
なっている選択肢を表
示できます。

7 ［安否のあいさつ］の一覧から以下のあいさつをクリックします。

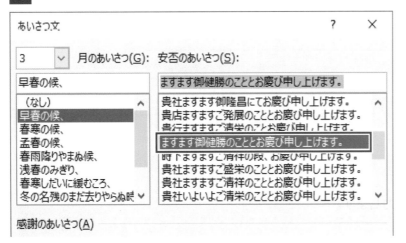

8 ［感謝のあいさつ］の一覧から以下のあいさつをクリックします。

9 ［OK］をクリックします。

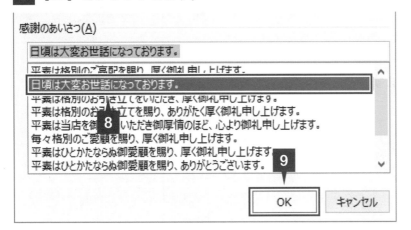

⇒ 候補の一覧から選ぶだけで簡単にあいさつ文を挿入できました。

ダイアログボックスでは、最後に［OK］をクリックして決定します。挿入をやめるときは［キャンセル］をクリックします。

STEP あいさつ文を一部変更する

1 下図のようになるまで、Backspace キーを押して文字を削除します。

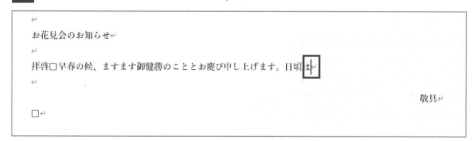

2 新しい文章を削除した箇所に入力します。

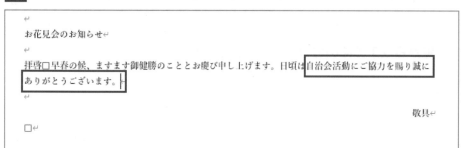

挿入したあいさつ文を部分的に変更して、より文書の内容に適した文章に変更することもできます。

3 以後の操作のために 1 行改行します。

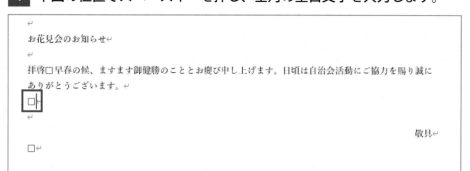

STEP 主文を入力する

1 下図の位置でスペースキーを押し、全角の空白文字を入力します。

お花見会のお知らせ↵
↵
拝啓□早春の候、ますます御健勝のこととお慶び申し上げます。日頃は自治会活動にご協力を賜り誠に
ありがとうございます。↵
□↵

敬具↵

□↵

段落の先頭に全角の空白文字を入力すると、次の段落から自動的に字下げする機能が働きます。

2 続けて下図のように入力します。

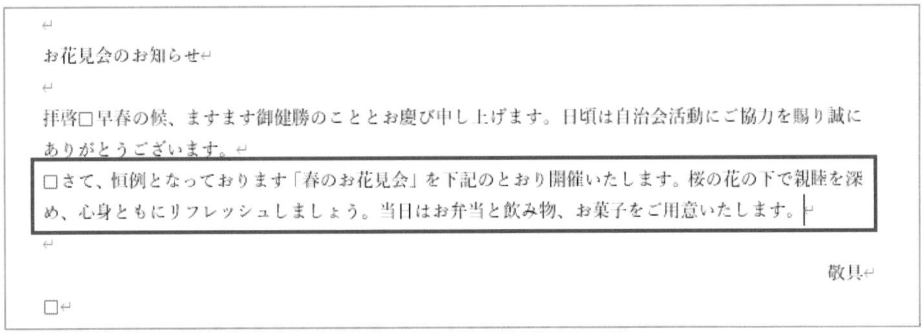

お花見会のお知らせ

拝啓□早春の候、ますます御健勝のこととお慶び申し上げます。日頃は自治会活動にご協力を賜り誠に
ありがとうございます。

□さて、恒例となっております「春のお花見会」を下記のとおり開催いたします。桜の花の下で親睦を深
め、心身ともにリフレッシュしましょう。当日はお弁当と飲み物、お菓子をご用意いたします。

敬具

□

入力した文字列が端まで来ても Enter キーを押す必要はありません。そのまま続けて入力すれば自然に行が変わります。

3 Enter キーを押して改行します。

→ 入力した空白文字が自動的に字下げに変換されます。また次の行も字下げされます。

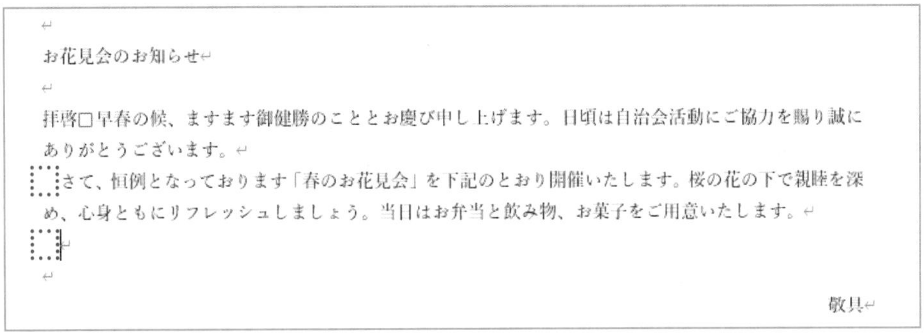

お花見会のお知らせ

拝啓□早春の候、ますます御健勝のこととお慶び申し上げます。日頃は自治会活動にご協力を賜り誠に
ありがとうございます。

　さて、恒例となっております「春のお花見会」を下記のとおり開催いたします。桜の花の下で親睦を深
め、心身ともにリフレッシュしましょう。当日はお弁当と飲み物、お菓子をご用意いたします。

敬具

自動的に段落の先頭を字下げする入力オートフォーマットをオフにしたい場合は、P.30 の OnePoint を参照してください。

4 続けて下図のように入力します。

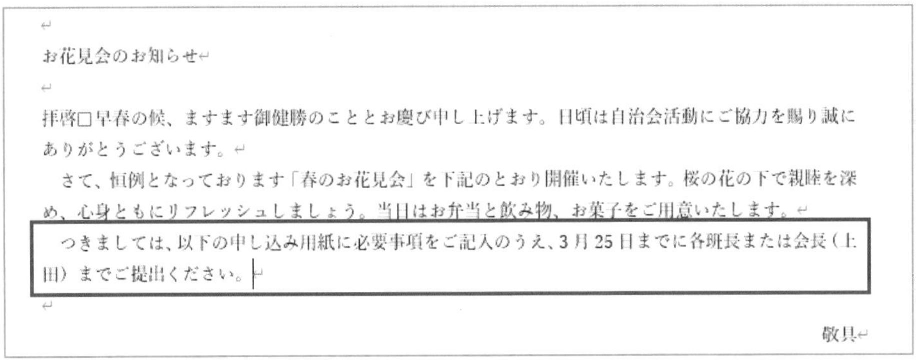

お花見会のお知らせ

拝啓□早春の候、ますます御健勝のこととお慶び申し上げます。日頃は自治会活動にご協力を賜り誠に
ありがとうございます。

　さて、恒例となっております「春のお花見会」を下記のとおり開催いたします。桜の花の下で親睦を深
め、心身ともにリフレッシュしましょう。当日はお弁当と飲み物、お菓子をご用意いたします。

　つきましては、以下の申し込み用紙に必要事項をご記入のうえ、3 月 25 日までに各班長または会長（上
田）までご提出ください。

敬具

5 行の下にある不要な空白行を、下図の位置で Delete キーを押して削除します。

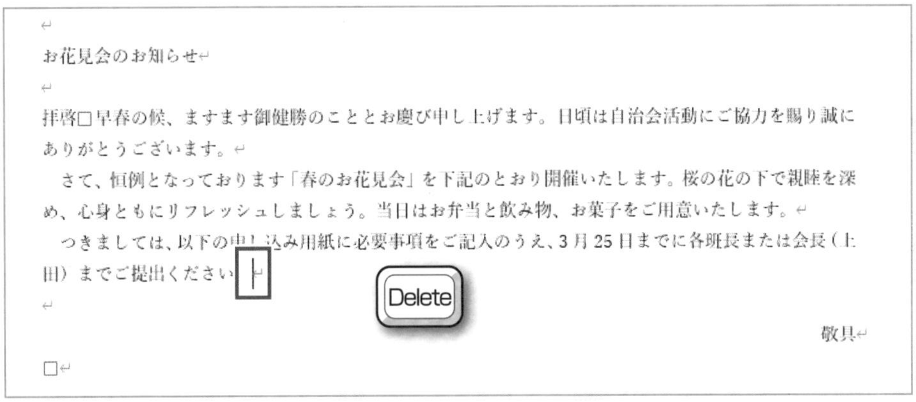

お花見会のお知らせ

拝啓□早春の候、ますます御健勝のこととお慶び申し上げます。日頃は自治会活動にご協力を賜り誠に
ありがとうございます。

　さて、恒例となっております「春のお花見会」を下記のとおり開催いたします。桜の花の下で親睦を深
め、心身ともにリフレッシュしましょう。当日はお弁当と飲み物、お菓子をご用意いたします。

　つきましては、以下の申し込み用紙に必要事項をご記入のうえ、3 月 25 日までに各班長または会長（上
田）までご提出ください。

Delete

敬具

□

→ 空白行を削除できました。

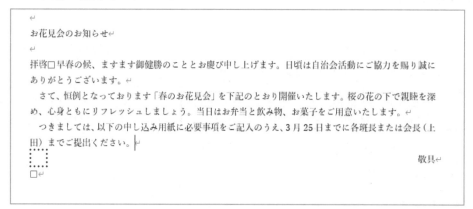

⊙ OnePoint **段落の先頭が自動的に字下げされないように設定するには**

段落の先頭が自動的に字下げされる機能をオフにしたい場合は、［ファイル］タブの［オプション］を
クリックし、[Word のオプション]ダイアログボックスを表示します。左側の一覧の[文章校正]をクリッ
クして、［オートコレクトのオプション］をクリックします。［オートコレクト］ダイアログボックスを
表示し、［入力オートフォーマット］タブの［行の始まりのスペースを字下げに変更する］チェックボッ
クスをオフにします。

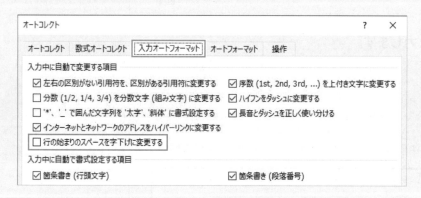

また、このダイアログボックスでは、頭語と結語、記と以上、かっこの正しい組み合わせなど、その他
の入力オートフォーマットのオン／オフを設定することもできます。

STEP ▶ **記書きを入力する**

1 下図の位置にカーソルを移動します。

2 Backspace キーを押して、自動的に入力されていた空白文字を削除します。

つきましては、以下の申し込み用紙に必要事項をご記入のうえ、3月25日までに各班長または会長（上
田）までご提出ください。↵

敬具↵

この空白文字は、"拝
啓"と"敬具"の入力
時に自動的に入力され
たものです。

3 Enter キーを押して改行します。

つきましては、以下の申し込み用紙に必要事項をご記入のうえ、3月25日までに各班長または会長（上
田）までご提出ください。↵

敬具↵

4 「記」と入力します。

5 Enter キーを押して改行します。

つきましては、以下の申し込み用紙に必要事項をご記入のうえ、3月25日までに各班長または会長（上
田）までご提出ください。↵

敬具↵

記↵

Enter

5

4

→ 自動的に "記" の文字が中央に配置され、1 行あけて右側に "以上" と入力されました。

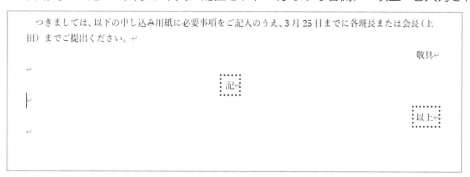

つきましては、以下の申し込み用紙に必要事項をご記入のうえ、3月25日までに各班長または会長（上
田）までご提出ください。↵

敬具↵

記↵

以上↵

6 現在の位置で Enter キーを押して改行します。

> 　つきましては、以下の申し込み用紙に必要事項をご記入のうえ、3 月 25 日までに各班長または会長（上田）までご提出ください。↵
>
> 　　　　　　　　　　　　　　　　　　　　　　　　　　　　　　敬具↵
>
> ↵
>
> 　　　　　　　　　　　　　　　　　記↵
>
> [↵]
>
> 　　　　　　　　　　　　　　　　　　　　　　　　　　　　　　以上↵
>
> ↵

7 下図のように入力します。

> 　　　　　　　　　　　　　　　　　記↵
>
> 開催日時□□□4 月 2 日（土）□午前 11 時〜午後 2 時□※雨天の場合は中止↵
> 場所□□□桜ヶ丘公園（東口付近）↵
> 参加費□□□500 円／1 名（中学生以下は無料）↵
> 持ち物□□□レジャーシート等の敷物は各人でご用意ください|

8 ↓キーを押して、下図の位置にカーソルを移動します。

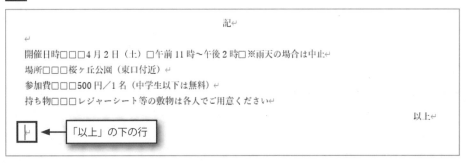

> 　　　　　　　　　　　　　　　　　記↵
>
> ↵
>
> 開催日時□□□4 月 2 日（土）□午前 11 時〜午後 2 時□※雨天の場合は中止↵
> 場所□□□桜ヶ丘公園（東口付近）↵
> 参加費□□□500 円／1 名（中学生以下は無料）↵
> 持ち物□□□レジャーシート等の敷物は各人でご用意ください↵
>
> 　　　　　　　　　　　　　　　　　　　　　　　　　　　　　　以上↵
>
> [↵] ← 「以上」の下の行

> 💬 "記"と"以上"の間に必要な文字列を入力したら、"以上"の下の行にカーソルを移動することを忘れないようにしましょう。

9 下図のように入力します。

> 　　　　　　　　　　　　　　　　　記↵
>
> ↵
>
> 開催日時□□□4 月 2 日（土）□午前 11 時〜午後 2 時□※雨天の場合は中止↵
> 場所□□□桜ヶ丘公園（東口付近）↵
> 参加費□□□500 円／1 名（中学生以下は無料）↵
> 持ち物□□□レジャーシート等の敷物は各人でご用意ください↵
>
> ↵
> キ リ ト リ↵
> |

STEP かっこの自動組み合わせを確認する

1 下図の位置に墨付きかっこ **【** を入力します。

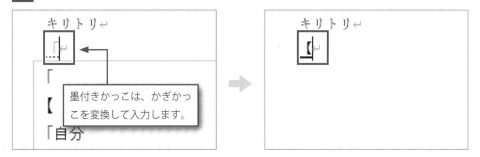

墨付きかっこは、かぎかっこを変換して入力します。

2 続けて下図のように入力します。

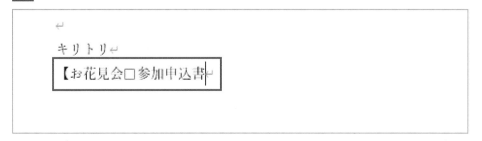

3 かぎかっこ **」** を入力して、そのまま変換せずに Enter キーを押します。

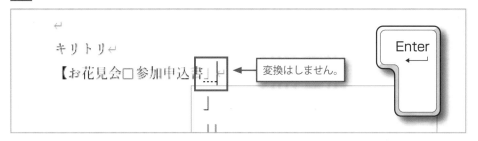

変換はしません。

Enter

→ 自動的に開きかっこと同じ種類の閉じかっこに変換されました。

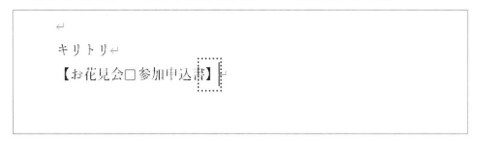

かっこの種類によっては変換されないものもあります。

4 以後の操作のために Enter キーを押して改行します。

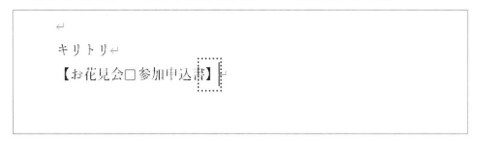

→ 本文の入力が終了しました。

2020 年 3 月 1 日
自治会員各位
桜ヶ丘自治会
会長□上田明夫

お花見会のお知らせ

拝啓□早春の候、ますます御健勝のこととお慶び申し上げます。日頃は自治会活動にご協力を賜り誠にありがとうございます。

　さて、恒例となっております「春のお花見会」を下記のとおり開催いたします。桜の花の下で親睦を深め、心身ともにリフレッシュしましょう。当日はお弁当と飲み物、お菓子をご用意いたします。

　つきましては、以下の申し込み用紙に必要事項をご記入のうえ、3 月 25 日までに各班長または会長（上田）までご提出ください。

敬具

記

開催日時□□□4 月 2 日（土）□午前 11 時～午後 2 時□※雨天の場合は中止
場所□□□桜ヶ丘公園（東口付近）
参加費□□□500 円／1 名（中学生以下は無料）
持ち物□□□レジャーシート等の敷物は各人でご用意ください

以上

キリトリ
【お花見会□参加申込書】

1-3 文書を保存、再開する

文書作成の作業を中断する場合や、文書が完成したときには**保存**という操作が必要です。保存をすれば文書をデータファイルとして残すことができます。このデータファイルはいつでも呼び出して作業を再開できます。

LESSON 1 | 文書に名前を付けて保存する

保存の作業は、次の3点に気を付けて行います。

保存する場所	文書は"フォルダー"と呼ばれるパソコン上の仮想の入れ物に保存します。フォルダーはパソコン内に複数あるため、どのフォルダーに保存したかを覚えておくようにします。
ファイル名	文書の内容に適した名前（ファイル名）を自分で付けます。後で作業を再開するときに、ファイル名を頼りに文書を探すので、中身が推測できる名前を付けます。
ファイルの種類	保存時にファイルの種類を指定することができます。標準の"Word文書"以外に"Word97-2003文書"、"PDF"、"Webページ"など、多くの種類が用意されており、状況に応じて使い分けます。

本書では以下の設定で作成中の文書を保存します。

・保存する場所 ……［スクール基礎_Word2019］フォルダー内の［CHAPTER1］フォルダー
・ファイル名 ……「お花見会のお知らせ」
・ファイルの種類 ……［Word文書］形式

STEP 文書に「お花見会のお知らせ」と名前を付けて保存する

1［ファイル］タブをクリックします。

2 ［名前を付けて保存］をクリックします。

3 ［参照］をクリックします。

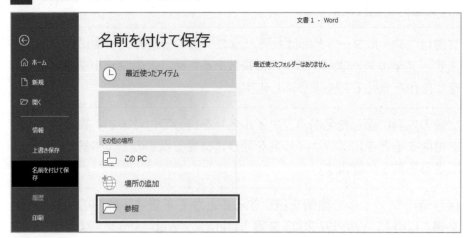

→ ［名前を付けて保存］ダイアログボックスが表示されます。

4 ［ドキュメント］をクリックします。

5 ［スクール基礎 _Word2019］のフォルダーをダブルクリックします。

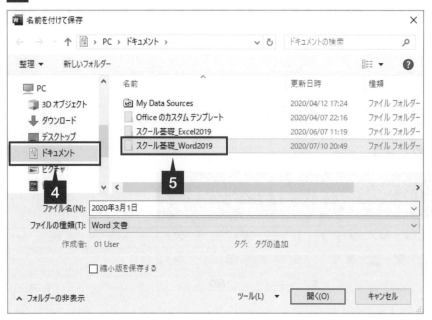

6 ［CHAPTER1］のフォルダーをダブルクリックします。

7 ［ファイル名］ボックス内をクリックします

→ ［ファイル名］ボックス内の文字列が青色で選択されます。

8 Backspace キーを押してボックス内の文字列を削除します。

この時点の［ファイル名］ボックスには、一時的な名前として文書の1行目の文字列（2020年3月1日）が入力されています。

9 「お花見会のお知らせ」と入力します。

10 ［ファイルの種類］ボックスに［Word 文書］と表示されていることを確認します。

11 ［保存］をクリックします。

→ 文書を「お花見会のお知らせ」という名前で保存できました。

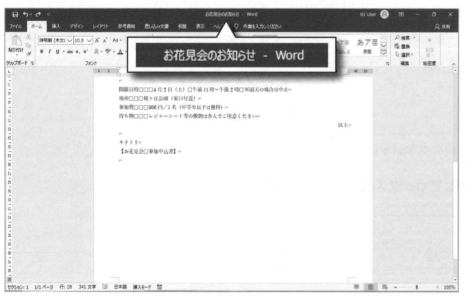

画面の上部に文書の名前（ファイル名）が表示されていることが確認できます。

OnePoint ［名前を付けて保存］ダイアログボックスのショートカットキー

［名前を付けて保存］ダイアログボックスは、F12 キーを押すと、より簡単に表示できます。

OnePoint 保存先のフォルダーを変更するには

本書では、文書を［ドキュメント］フォルダーの下位フォルダーに保存しましたが、［デスクトップ］や［ピクチャ］などの他のフォルダーや、フラッシュメモリ（USB メモリや SD カード）などの他のドライブに保存したい場合は、［名前を付けて保存］ダイアログボックスのナビゲーションウィンドウから保存する場所を選択します。

LESSON 2 | 文書を閉じる

1つの文書の作成が終わり、引き続き別の文書の作成を始めるときは、Wordをいったん終了するよりも作成が終了した文書だけを閉じるのが効率的です。

STEP Wordを起動したまま文書だけを閉じる

1 ［ファイル］タブをクリックします。

2 ［閉じる］をクリックします。

→ 文書だけが閉じられ、Wordの画面は引き続き利用できる状態になっています。

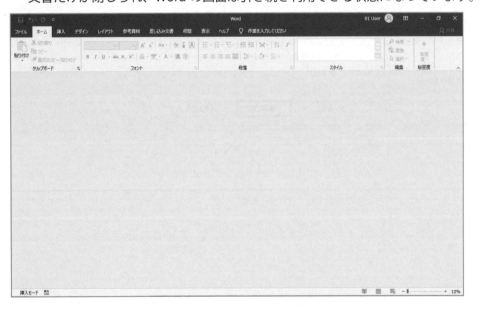

文書を修正した後、上書き保存していない場合には、［変更を保存しますか？］というダイアログボックスが表示されます。

⊙ OnePoint 保存を確認するメッセージ

保存せずに文書を閉じようとすると、保存を確認するメッセージが表示されます。

[保存]をクリックすると、上書き保存または名前を付けて保存が実行されます。

[保存しない]をクリックすると、文書を保存せずに閉じます。作成していた文書は次の OnePoint で紹介する「保存せずに閉じた文書の復元」の操作をしないと開くことができません。

[キャンセル]をクリックすると、文書を閉じようとした操作をキャンセルできます。

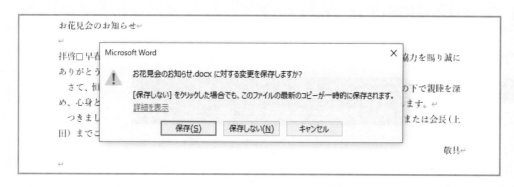

⊙ OnePoint 保存せずに閉じた文書の復元

何らかのトラブルで、文書を保存しないまま閉じてしまった場合は、以下の方法で文書を復元できる可能性があります。

[ファイル]タブの[開く]をクリックして、[開く]画面の[保存されていない文書の回復]をクリックします。[ファイルを開く]ダイアログボックスの[UnsavedFiles]フォルダーが開くので "名前" や "更新日時" を手がかりに復元したい文書を探して開きます。

LESSON 3 │ 文書を開く（作業の再開）

保存して閉じた文書を再度画面に呼び出すことを開くと言います。ここでは先ほど保存した文書「お花見会のお知らせ」を開きます。

STEP 文書「お花見会のお知らせ」を開く

1 ［ファイル］タブをクリックします。

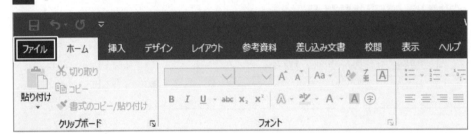

2 ［開く］をクリックします。

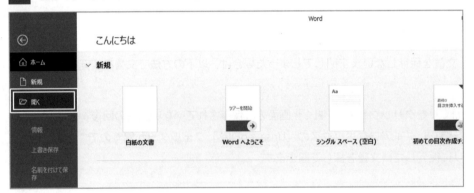

すでに［開く］画面が表示されている場合、この操作は省略できます。

3 ［参照］をクリックします。

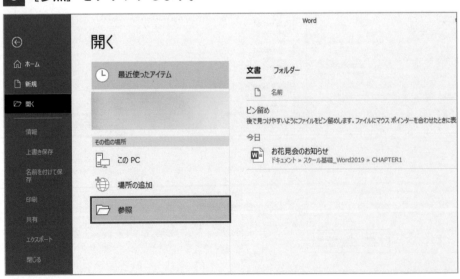

→ ［ファイルを開く］ダイアログボックスが表示されます。

4 開きたい文書が保存されているフォルダーを指定します。

5 ファイルの一覧から［お花見会のお知らせ］をクリックします。

6 ［開く］をクリックします。

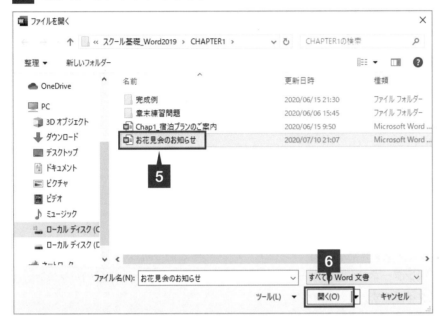

→ 文書「お花見会のお知らせ」を開くことができました。

今回は文書をいったん保存した後に、Wordを終了せずそのまま"開く"操作をしているため、先ほど文書を保存したフォルダーがすぐに表示されます。

文書を保存して開く一連の流れは、作業を中断したり、再開したりするために欠かせない作業です。スムーズに行えるようにしておきましょう。

OnePoint　最近使用した文書を開くには

[ファイル]タブの[ホーム]または[開く]をクリックすると、最近使用した文書の一覧が表示されます。開きたい文書が一覧の中にある場合は、ファイル名をクリックしてすばやく開くことができます。

OnePoint　クラウドストレージサービスについて

最近では"保存する場所"としてクラウド（クラウドコンピューティング）という新しい選択肢が用意されています。クラウドとは、インターネット上のサーバーと呼ばれるコンピューターと自分のパソコンを連携して使う新しい利用スタイルです。

たとえば、今回のWord文書のようなファイルは、従来自分のパソコン（ローカル）に保存して管理するのが当たり前でしたが、これをクラウドに保存するという形態をとることができます（クラウドストレージサービス）。これにより、別の場所や別の機器からも同じファイルを開くことができるようになり、自宅、職場、外出先など場所を問わず、いつでもファイルを利用できます。

Microsoft社はOneDrive（ワンドライブ）というクラウドストレージサービスを提供しており、Wordで文書を保存するときに"保存する場所"としてOneDriveのフォルダーを指定することもできます（本書ではローカルの[ドキュメント]フォルダー内に保存する流れで学習を進めます）。

クラウドストレージサービスのイメージ図

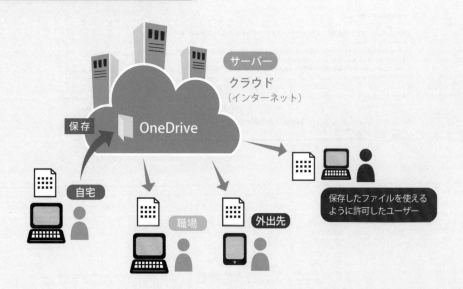

LESSON 4 | 文書を上書き保存する

保存した後でも文書に手を加えることができます。文書のデータを変更したら、作業を終了する前に上書き保存の操作を行い、最新の状態を保存するようにします。

STEP 保存済み文書のデータを変更して上書き保存する

1 12行目の文字列「25日」を「20日」に入力し直します。

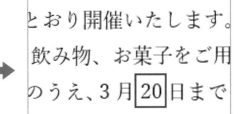

2 クイックアクセスツールバーの［上書き保存］ボタンをクリックします。

→ 最新の状態の文書が保存されました。

正しく上書き保存が終了しても画面には特に変化は起こりません。

LESSON 5 | 現在の文書を閉じずに別の文書を開く

Word は複数の文書を開いた状態で編集ができます。作業中に別の文書を編集しなければならない場合や、以前作成した文書を参考にしながら新しい文書を作りたいときなど、複数の文書を開いて作業するケースはよくあります。

ここでは現在の文書「お花見会のお知らせ」を開いたまま、別の文書「Chap1_ 宿泊プランのご案内」を開きます。

STEP 現在の文書を閉じずに文書「**Chap1_宿泊プランのご案内**」を開く

1 文書「お花見会のお知らせ」を開いた状態で ［ファイル］ タブをクリックします。

2 ［開く］ をクリックして、［参照］ をクリックします。

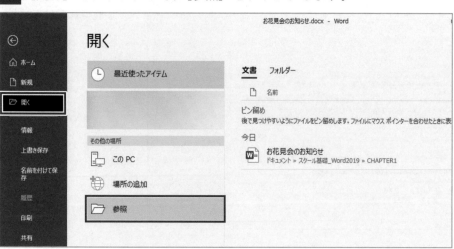

3 開きたい文書が保存されているフォルダーを指定し、ファイルの一覧から［Chap1_宿泊プランのご案内］をクリックします。

4 ［開く］をクリックします。

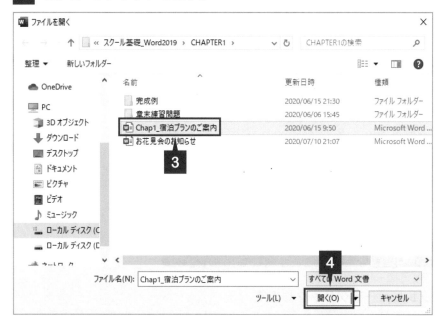

→ 文書「Chap1_宿泊プランのご案内」が開きました。

STEP 開いている複数の文書を切り替える

1 画面下部のタスクバーに表示されている Word のアイコンにマウスポインターを合わせます。

→ 現在開いている文書の画面が、小さなプレビューで表示されます。

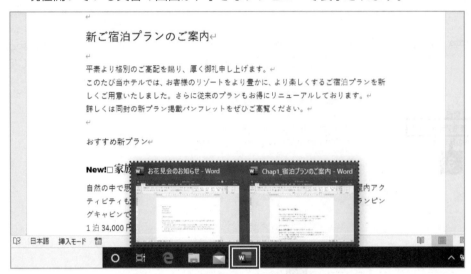

💬
現在 2 つの文書を開いていることが確認できます。

2 「お花見会のお知らせ」のプレビューをクリックします。

→ 文書「お花見会のお知らせ」が前面に表示されました。

LESSON 6 | Wordを終了する

Wordを終了するときは画面右上の［閉じる］をクリックします。複数の文書を開いている場合はすべての文書で閉じるボタンをクリックすることでWordを終了できます。

STEP 現在開いている2つの文書を閉じてWordを終了する

1 閉じるボタンをクリックします。

→ 作業中の文書「お花見会のお知らせ」が閉じられ、文書「Chap1_宿泊プランのご案内」が表示されます。

2 再度、閉じるボタンをクリックします。

開いているすべての
Word文書を閉じることでWordを終了できます。

→ Wordを終了できました。

タスクバーのWordの
アイコンが非表示になる、またはWordのアイコンの下に表示されていた白い線が消えます。

引き続き学習を進める
場合は、再度Wordを
起動します。

⟵ OnePoint　タスクバーから Word や文書を閉じる方法

タスクバーの Word のアイコンにマウスポインターを合わせると、小さなプレビューが表示されますが、この中の右上にマウスポインターを合わせると閉じるボタンが表示されます。こちらをクリックしても Word を終了できます。

⟵ OnePoint　フォルダーから直接文書を開く方法

保存した文書を開くには、前述の[ファイル]タブの[開く]をクリックして表示される[開く]画面の操作以外に、文書が保存されたフォルダーから直接開く方法もあります。この方法は Word を起動していない状態からでも、文書を開くことができます。なお、この方法でも複数の文書を開くことができます。

［ドキュメント］フォルダーに保存されている文書を開く方法

1 タスクバーの［エクスプローラー］をクリックします。
2 ナビゲーションウィンドウの［ドキュメント］をクリックし、文書が保存されているフォルダーをダブルクリックして開きます。
3 開きたい文書をダブルクリックします。

また、文書を右クリックすると、文書の削除や複製（コピー、貼り付け）、文書名の変更などが行えるコマンド（命令）の一覧が表示されます。

【章末練習問題 1】防災設備点検のお知らせ

1 Word を起動して白紙の文書を用意しましょう。

2 ページ設定が標準の設定になっていることを確認しましょう。

3 以下の＜完成例＞を参考に文字列を入力しましょう。

4 文書に「防災設備点検のお知らせ」という名前を付けて保存し、文書を閉じましょう。

＜完成例＞

令和 2 年 2 月 17 日↵

各地区公民館長殿↵

藤野町生涯学習課↵
課長□中野□弘司↵

防災設備点検のお知らせ↵

拝啓□余寒の候、ますます御健勝のこととお慶び申し上げます。日頃は公民館業務にご尽力
いただきありがとうございます。↵
　さて、下記日程にて公民館点検を実施いたします。↵
　つきましては、ご多用とは存じますが、該当時間帯に必ずご在館くださいますよう、ご協
力をお願い申し上げます。↵
　都合の悪い場合は、実施 2 日前までにお電話にてご連絡ください。↵
　　　　　　　　　　　　　　　　　　　　　　　　　　　　　　　　　　敬具↵

記↵

点検期間□□□3 月 12 日～3 月 14 日↵
連絡先□□□生涯学習課□担当：小島□電話：66-7777↵

◆点検日程表◆↵

所要時間は約 1 時間です。↵
点検箇所は玄関・事務所・ホール・調理室・和室・資料室・トイレ・流し・廊下です。↵
恐れ入りますが、各所の事前清掃をお願いいたします。↵
　　　　　　　　　　　　　　　　　　　　　　　　　　　　　　　　　　以上↵

【章末練習問題 2】クッキングサークル案内状

1. Word を起動して白紙の文書を用意しましょう。
2. ページ設定が標準の設定になっていることを確認しましょう。
3. 以下の＜完成例＞を参考に文字列を入力しましょう。
4. 文書に「クッキングサークル案内状」という名前を付けて保存し、文書を閉じましょう。

＜完成例＞

2020 年 9 月 9 日↵
会員各位↵
クッキングサークル↵
フィオーレ↵
代表□山田□光子↵
↵
パン・お菓子づくり講座のご案内↵
↵
　10 月の料理教室は「手軽に作れるパン・お菓子」と題して、地元の小麦を使ったパンと
家庭で簡単に作れるお菓子を紹介します。↵
　皆様お誘いあわせのうえ、ご参加くださいませ。↵
↵
↵
開催日時：10 月 9 日□午後 2 時～午後 4 時↵
会□□場：サンスクエアガーデン A 棟 1 階クッキングルーム↵
定□□員：10 名↵
申込方法：事務局まで直接お電話にてお申し込み↵
↵
↵
内容↵
↵
地元の小麦で作る無添加パン□参加費：1,500 円↵
↵
簡単クッキーとケーキ□□□□参加費：1,000 円↵
↵
※参加費は材料費込みの金額です。↵
↵

文字の書式を
設定する

ここでは、文字の書式を設定する方法を学習します。
文字のサイズや書体の変更、行揃えなど基本的な設定を行い、文字書式にメリハリを持たせて、文書の情報をより伝わりやすくする作業を行います。

2-1 書式設定する範囲を選択する

文字のサイズや書体などを変更する操作は**書式設定**と呼ばれます。書式設定を行うには、事前に対象の範囲を選択する必要があります。この操作を**範囲選択**と呼びます。

LESSON 1 | 文字列を範囲選択する

文字列の範囲選択はマウスによるドラッグ操作で行います。選択した範囲は薄い灰色になります。通常は範囲選択の後に書式設定の操作を行いますが、ここではまず範囲選択のみの練習を行います。

STEP 文字列"お花見会"を範囲選択する

1 CHAPTER1 で作成して保存した文書「お花見会のお知らせ」を開きます。

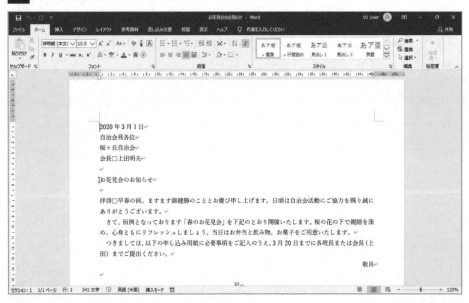

作成した文書がない場合は、実習用データの「Chap2_お花見会のお知らせ」を開いてください。
実習用データはインターネットからダウンロードできます。詳細は本書の P.（4）に記載されています。

2 選択したい文字列（"お花見会"）の先頭にマウスポインターを合わせます。

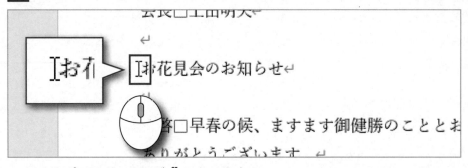

→ マウスポインターの形が I になります。

3 文字列の先頭から右方向へドラッグします。

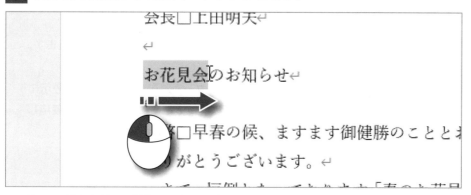

→ ドラッグした範囲が薄い灰色で選択されます。

4 選択したい文字列の終端までドラッグしたら、マウスから指を離してドラッグを終了します。

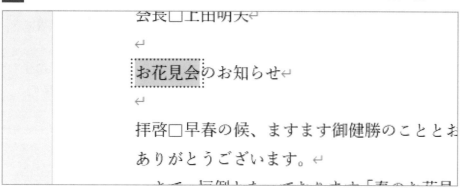

本来なら続けて何らかの書式設定を行いますが、今回は範囲選択のみの練習のため、この後は解除の操作を行います。

→ 文字列"お花見会"を範囲選択できました。

STEP 範囲選択を解除する

1 マウスポインターを文書内の任意の位置（好きな位置）に合わせてクリックします。

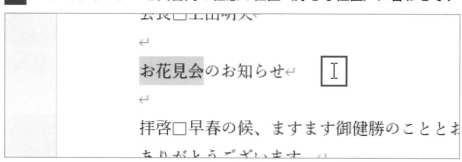

→ 範囲選択が解除できました。

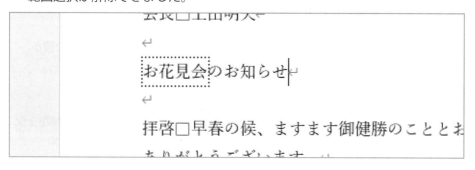

範囲選択していた間はカーソルが表示されていませんでしたが、範囲選択を解除するとクリックした位置の近くにまた表示されます。

⟲ OnePoint　範囲選択すると表示されるミニツールバー

範囲選択をすると、選んだ文字列のすぐそばにミニツールバーと呼ばれる操作パネルが表示されます。ミニツールバーには、一般的によく利用される書式設定がまとめられています。

ミニツールバーを使用しない場合は、選択した範囲からマウスポインターを移動すれば自然に非表示になります。本書ではリボン上の各種ボタンを使って書式設定を学習するため、ミニツールバーは使用しません。

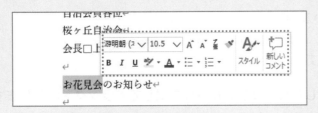

なお、ミニツールバーの表示／非表示は、ユーザーの設定で切り替えることができるため、使用環境によっては表示されないこともあります。

ミニツールバーの表示の設定は、[ファイル] タブの [オプション] をクリックし、[Word のオプション] ダイアログボックスの [全般] の [選択時にミニツールバーを表示する] チェックボックスで行います。

⟲ OnePoint　離れた範囲を選択するには

範囲選択をしている状態で、さらに別の箇所も加えて選択したい場合は、Ctrl キーを押しながら 2 箇所目以降の選択を行います。

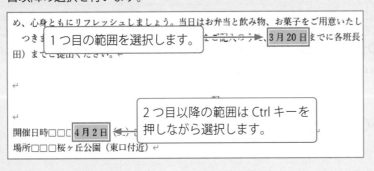

⟲ OnePoint　2 行にわたる文字列を範囲選択するには

下図の例のように選択したい文字列が 2 行にわたる場合も操作方法は同じです。範囲選択の開始位置から終了位置までを最短距離でドラッグします。選択の操作を 2 回に分けて行う必要はありません。

さて、恒例となっております「春の□□□と下記のとおり開催いたします。桜の花の下で親睦を深め、心身ともにリフレッシュしましょう。当日はお弁当と飲み物、お菓子をご用意いたします。

LESSON 2 ｜ 行単位で範囲選択する

選択対象が行全体に及ぶときは、行単位の範囲選択を行います。行単位の範囲選択は文書の左余白をクリックすることで行えます。また、複数行を選択したい場合は、左余白でドラッグします。

STEP 6行目"お花見会のお知らせ"を行単位で範囲選択する

1 選択したい行（6行目）の左余白にマウスポインターを合わせます。

→ マウスポインターの形が 𝒜 に変わります。

2 その位置でクリックします。

```
2020 年 3 月 1 日↵
自治会員各位↵
桜ヶ丘自治会↵
会長□上田明夫↵
↵
     お花見会のお知らせ↵
↵
拝啓□早春の候、ますます御健勝のこととお慶び申し上げます
ありがとうございます。↵
     さて、恒例となっております「春のお花見会」を下記のとお
```

→ 6行目を範囲選択できました。

```
2020 年 3 月 1 日↵
自治会員各位↵
桜ヶ丘自治会↵
会長□上田明夫↵
↵
お花見会のお知らせ↵
↵
拝啓□早春の候、ますます御健勝のこととお慶び申し上げます
ありがとうございます。↵
     さて、恒例となっております「春のお花見会」を下記のとお
```

STEP 8行目から13行目（複数行）を行単位で範囲選択する

1 範囲選択の始点となる行（8行目）の左余白にマウスポインターを合わせます。

> お花見会のお知らせ←
>
> 　拝啓□早春の候、ますます御健勝のこととお慶び申し上げます
> ありがとうございます。←
>
> 　さて、恒例となっております「春のお花見会」を下記のとおり
> め、心身ともにリフレッシュしましょう。当日はお弁当と飲み
> 　つきましては、以下の申し込み用紙に必要事項をご記入のうえ
> 田）までご提出ください。←

2 その位置から範囲選択の終点の行（13行目）まで下方向にドラッグします。

> お花見会のお知らせ←
>
> 拝啓□早春の候、ますます御健勝のこととお慶び申し上げます
> ありがとうございます。←
> 　さて、恒例となっております「春のお花見会」を下記のとおり
> め、心身ともにリフレッシュしましょう。当日はお弁当と飲み
> 　つきましては、以下の申し込み用紙に必要事項をご記入のう
> 田）までご提出ください。←

→ 複数行を範囲選択できました。

> お花見会のお知らせ←
>
> 拝啓□早春の候、ますます御健勝のこととお慶び申し上げます。日頃は自治会活動にご協力を賜り誠に
> ありがとうございます。←
> 　さて、恒例となっております「春のお花見会」を下記のとおり開催いたします。桜の花の下で親睦を深
> め、心身ともにリフレッシュしましょう。当日はお弁当と飲み物、お菓子をご用意いたします。←
> 　つきましては、以下の申し込み用紙に必要事項をご記入のうえ、3月20日までに各班長または会長（上
> 田）までご提出ください。←
> 　　　　　　　　　　　　　　　　　　　　　　　　　　　　　　　　　敬具←

3 文書内の任意の位置をクリックして、範囲選択を解除します。

> お花見会のお知らせ←
>
> ←
> 拝啓□早春の候、ますます御健勝のこととお慶び申し上げます。日頃は自治会活動にご協力を賜り誠に
> ありがとうございます。←
> 　さて、恒例となっております「春のお花見会」を下記のとおり開催いたします。桜の花の下で親睦を深
> め、心身ともにリフレッシュしましょう。当日はお弁当と飲み物、お菓子をご用意いたします。←
> 　つきましては、以下の申し込み用紙に必要事項をご記入のうえ、3月20日までに各班長または会長（上
> 田）までご提出ください。←
> 　　　　　　　　　　　　　　　　　　　　　　　　　　　　　　　　　敬具←
> ←

⬅OnePoint　キー操作による範囲選択

範囲選択はマウス操作だけではなく、キーボードを使ったキー操作でも行うことができます。

Shift + 方向キー（← →）…… カーソルの位置から 1 文字ずつ範囲選択

Shift + 方向キー（↑ ↓）…… カーソルの位置から行を渡って範囲選択

Shift + Home キー …………… カーソルの位置から行頭までを範囲選択

Shift + End キー ……………… カーソルの位置から行末までを範囲選択

⬅OnePoint　ダブルクリック、トリプルクリックによる範囲選択

マウス操作による範囲選択ではドラッグでの選択方法が基本ですが、ダブルクリックすることで単語単位の選択を行うことができます。

またトリプルクリックすることで段落単位の選択を行うこともできます。

2-2 基本の文字書式を設定する

範囲選択の操作ができるようになったら、次はいよいよ書式を設定してみます。
文字書式とは、文字の大きさ（フォントサイズ）、書体（フォント）、文字の色など、文字に関する属性のことです。文字書式を効果的に利用することで、メリハリが生まれ、情報が伝わりやすくなります。

LESSON 1 | フォントサイズを変更する

Word の初期設定のフォントサイズは 10.5pt（ポイント）です。"pt" は文字のサイズなどを表す単位で、1pt は約 0.35mm です。通常の文字列は 10.5pt のままで充分ですが、表題などは少し大きなサイズにするのが一般的です。
フォントサイズは、[フォントサイズ] ボックスを利用して変更できます。用意されたフォントサイズの一覧から選ぶか、任意のサイズを数値で入力することもできます。

STEP 表題"お花見会のお知らせ"のフォントサイズを 16ptに変更する

1 6行目 " お花見会のお知らせ " を範囲選択します。

> 選択範囲に段落記号（↵）を含んでも、含まなくてもフォントサイズ変更の操作結果に違いはありません。

```
2020 年 3 月 1 日↵
自治会員各位↵
桜ヶ丘自治会↵
会長□上田明夫↵
↵
お花見会のお知らせ↵

拝啓□早春の候、ますます御健勝のこととお慶び申し上げます。日頃は自治会活動にご協力を賜り
ありがとうございます。↵
　さて、恒例となっております「春のお花見会」を下記のとおり開催いたします。桜の花の下で親睦
め、心身ともにリフレッシュしましょう。当日はお弁当と飲み物、お菓子をご用意いたします。↵
　つきましては、以下の申し込み用紙に必要事項をご記入のうえ、3 月 20 日までに各班長または会長
```

2 [ホーム] タブの [フォントサイズ] ボックスの ▽ をクリックします。

→ フォントサイズの一覧が表示されます。

3 一覧から［16］をクリックします。

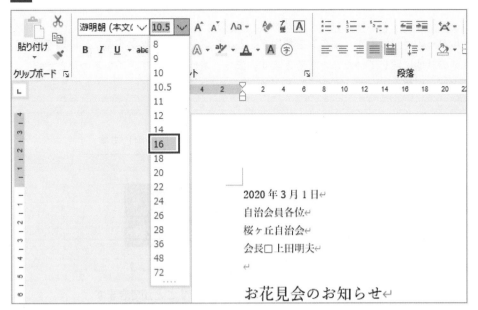

フォントサイズにマウスポインターを合わせるだけで、選択している文字列が変更されます。これはリアルタイムプレビューと呼ばれる機能です。
決定前に結果のイメージが確認できるため大変便利です。

2
文字の書式を設定する

→ フォントサイズを 16pt に変更できました（範囲選択は解除します）。

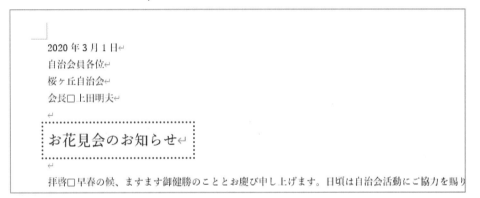

4 同様の方法で、下図の 2 箇所のフォントサイズを 9pt に変更します。

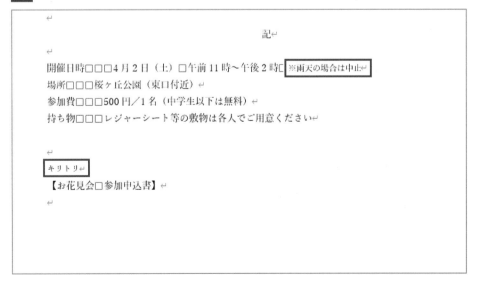

 **操作を元に戻すには**

クイックアクセスツールバーの［元に戻す］ボタンを利用すると、ボタンをクリックするたびに操作の履歴がたどられ、操作前の状態に戻していくことができます。また、操作を戻しすぎてしまったときに使用する［やり直し］ボタンも用意されています。

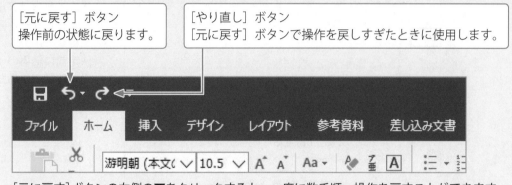

［元に戻す］ボタンの右側の▼をクリックすると、一度に数手順、操作を戻すことができます。

STEP フォントサイズの一覧にはない任意のサイズ（13pt）に変更する

1 25 行目の "【お花見会 参加申込書】" を範囲選択します。

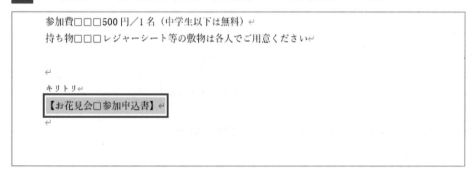

2 ［ホーム］タブの［フォントサイズ］ボックス内をクリックします。

→ ボックス内の数値が青色で選択された状態になります（選択された状態）。

3 「13」と入力し、Enter キーを押します。

→ フォントサイズの一覧にない 13pt を設定することができました。

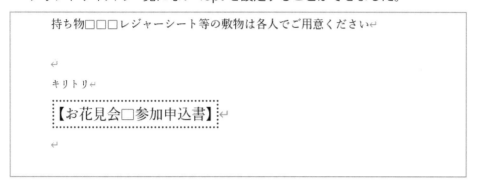

One Point　フォントサイズに応じて広がる行間の設定を変更したい場合

Word 2019 で標準の書体として採用されている "游明朝" は、フォントサイズを 11pt 以上に変更すると行間が広がる仕様になっています。文字のサイズに合わせて行間が自然に広がるため、行間が詰まって読みづらくなるということがありません。

しかし、どうしても行間が広がらないように設定したい場合は以下のように操作します（ただしフォントサイズが一定の大きさを超えると効果の違いが分かりにくくなります）。

1 行間の広がった行内にカーソルを移動します（範囲選択してもかまいません）。

2 [ホーム]タブの[段落]グループの 🔽 [段落の設定]をクリックします。
（または、**1**の箇所で右クリックして、[段落]をクリックします）

3 [段落]ダイアログボックスの[インデントと行間隔]タブの[1 ページの行数を指定時に文字を行グリッド線に合わせる]チェックボックスをオフにして、[OK]をクリックします。

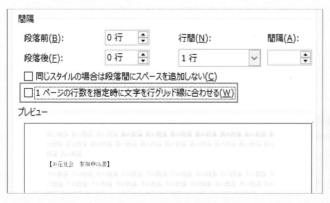

文字の書式を設定する

2

LESSON 2 | 文字の書体（フォント）を変更する

パソコンの文字には、さまざまにデザインされた形があります。これを**書体（フォント）**と呼びます。フォントには明朝体、ゴシック体、丸ゴシック体、ポップ体、楷書体、行書体などの種類があり、文書の内容や用途に応じて使用するフォントを選定します。

たとえば、明朝体は案内状や送付状などの本文に、ゴシック体は文書の見出しや遠くから見ることを前提とした掲示文書などに、丸ゴシック体は親しみやすさを表現したい文書に、ポップ体はチラシなど商品の購入を促す表現をしたい文書に、といったようにフォントをそれぞれに適したシーンで使用することで、文書がより見やすく分かりやすい仕上がりになります。

また、フォントには同じ明朝体でも"游明朝"、"MS明朝"など、デザインの異なるものがあります。さらに同じ"游明朝"でも、細め（游明朝 Light）、標準（游明朝）、太め（游明朝 Demibold）のように太さの異なるフォントが用意されているケースもあります。

游明朝
お花見会のお知らせ↵

游ゴシック
【お花見会□参加申込書】↵

游明朝 Demibold
お花見会のお知らせ↵

STEP 表題のフォントを"游明朝 Demibold"に変更する

1 6行目"お花見会のお知らせ"を範囲選択します。

桜ヶ丘自治会↵
会長□上田明夫↵
↵
お花見会のお知らせ↵
↵
拝啓□早春の候、ますます御健勝のこととお慶び申し上げます。日頃は自治会活動

2 ［ホーム］タブの［フォント］ボックスの ⌄ をクリックします。

→ フォント（書体）の一覧が表示されます。

3 一覧から［游明朝 Demibold］をクリックします。

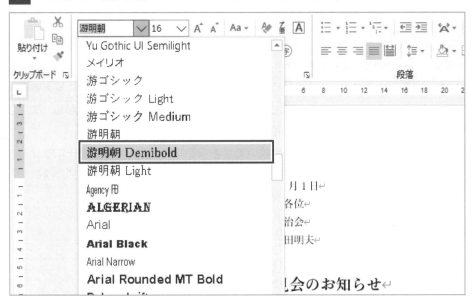

→ フォントを"游明朝 Demibold"に変更できました。

フォントの一覧をスクロールするには、右側のスクロールバーを利用します。
なお、フォントの順番は左図と異なる場合もあります。

2020年3月1日↵
自治会員各位↵
桜ヶ丘自治会↵
会長□上田明夫↵
↵

お花見会のお知らせ↵

↵

拝啓□早春の候、ますます御健勝のこととお慶び申し上げます。日頃は自治会活動
ありがとうございます。↵
　さて、恒例となっております「春のお花見会」を下記のとおり開催いたします。桜

4 同様の方法で、以下の範囲の文字列のフォントを"游ゴシック"に変更します。

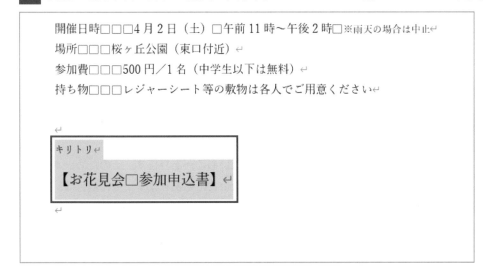

開催日時□□□4月2日（土）□午前11時～午後2時□※雨天の場合は中止↵
場所□□□桜ヶ丘公園（東口付近）↵
参加費□□□500円／1名（中学生以下は無料）↵
持ち物□□□レジャーシート等の敷物は各人でご用意ください↵

↵
キリトリ↵

【お花見会□参加申込書】↵

↵

2行をまとめて範囲選択すれば、一度に設定できます。

⊙ OnePoint プロポーショナルフォントと等幅フォント

日本語用のフォントの中には、同じデザインのフォントであっても名前に"P"と表記されているものがいくつかあります（MS 明朝と MS P 明朝、MS ゴシックと MS P ゴシックなど）。

これらのフォントは"プロポーショナルフォント"という扱いで、1つ1つの文字がより自然に見えるように文字幅と字間がデザインされており、文字列が美しく見えるという利点があります。しかし、文字列が複数行に渡る場合は前後の行と文字がずれるため不揃いな印象を与えてしまいます。

一方、Pの表記がないフォントは"等幅フォント"という扱いで、すべての文字幅と字間が均一になります。プロポーショナルフォントと比べると1つ1つの文字幅の自然さは失われますが、文字列が複数行に渡っても前後の行と文字が揃うため、整った印象を与えることができます。

プロポーショナルフォント
（例：MS P 明朝）

半角 Windows10　Word2019
全角 私はワード2019が使えます

それぞれの文字に応じた文字幅のため自然で美しい印象になります。

> さて、恒例となっております「春のお花見会」を下記のとおり開催いたします。桜の花の下で親睦を深め、心身ともにリフレッシュしましょう。当日はお弁当と飲み物、お菓子をご用意いたします。

前後の行と比べたとき、文字の位置は不揃いになりがちです。

等幅フォント
（例：MS 明朝）

半角 Windows10　　Word2019
全角 私はワード２０１９が使えます

均一の文字幅で整ってはいますが、「W」の文字は窮屈な印象、「i」の文字は字間が広すぎる印象を受けます。

> さて、恒例となっております「春のお花見会」を下記のとおり開催いたします。桜の花の下で親睦を深め、心身ともにリフレッシュしましょう。当日はお弁当と飲み物、お菓子をご用意いたします。

前後の行と比べたとき、文字の位置はおおよそ揃います。
※半角文字や英数字などが原因で揃わない箇所もあります。

⊙ OnePoint 本書で指定しているフォントが利用できない場合

フォントは、パソコンによってインストールされているものといないものがあります。そのため、本書で指定しているフォントがお使いのパソコンの環境では利用できないこともあります。その場合は、別の任意のフォントで置き換えて設定するようにしてください。

なお、文書ファイルをデータで相手に渡すときにもフォントに注意してください。その文書で使用しているフォントが相手のパソコンにない場合、自動的に別のフォントに置き換えられて表示されます。結果的に"自分が見ているデザインと相手が見ているデザインが異なる"といった現象が起きます。特殊なフォントを使用する場合はこの点に注意しましょう。

STEP 文書「お花見会のお知らせ」を上書き保存する

1 文書「お花見会のお知らせ」を上書き保存します。

上書き保存の操作方法は P.45 で解説しています。

文書「お花見会のお知らせ」の編集はここでいったん中断しますが、この文書は CHAPTER3、4 でも引き続き使用します。

STEP 次ページからの学習で使用する文書「**Chap2_宿泊プランのご案内**」を開く

1 文書「**Chap2_宿泊プランのご案内**」を開きます。

スクール基礎 _Word 2019 ▶ CHAPTER2 ▶ 「Chap2_宿泊プランのご案内」
※ CHAPTER1 で開いた文書「Chap1_宿泊プランのご案内」と内容は同じです。

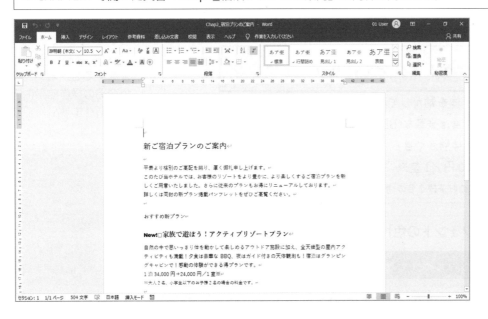

文書を開く操作方法は P.42 で解説しています。
文書を開いたら［編集を有効にする］をクリックしておきます（P.（4）参照）。

実習用データはインターネットからダウンロードできます。詳細は本書の P.（4）に記載されています。

2-3 詳細な文字書式を設定する

「2-2 基本の文字書式を設定する」では基本的な文字書式を学習しました。一般的な送付状であればこれだけでも十分用件は伝わりますが、より文書の装飾性を高めたいという場合は詳細な書式設定を行うことができます。

LESSON 1 フォントの色を変更する

文字の色を変更すれば、対象の文字を他よりも強調することができます。
Word では文字の色のことをフォントの色と呼びます。

> **New!□家族で遊ぼう！アクティブリゾートプラン**
> 自然の中で思いっきり体を動かして楽しめるアウトドア施設に加え、
> ティビティも満載！夕食は豪華な BBQ、夜はガイド付きの天体観測
> グキャビンで！感動の体験ができる得プランです。
> 1 泊 34,000 円⇒24,000 円／1 室※
> ※大人 2 名、小学生以下のお子様 2 名の場合の料金です。

➡

> **New!□家族で遊ぼう！アクティブリゾートプラン**
> 自然の中で思いっきり体を動かして楽しめるアウトドア施設に加え、
> ティビティも満載！夕食は豪華な BBQ、夜はガイド付きの天体観測
> グキャビンで！感動の体験ができる得プランです。
> 1 泊 34,000 円⇒24,000 円／1 室※
> ※大人 2 名、小学生以下のお子様 2 名の場合の料金です。

STEP フォントの色を青色に変更する

1 下図の文字列を範囲選択します。

> おすすめ新プラン
>
> **New!□家族で遊ぼう！アクティブリゾートプラン**
>
> 自然の中で思いっきり体を動かして楽しめるアウトドア施設に加え、全天候
> ティビティも満載！夕食は豪華な BBQ、夜はガイド付きの天体観測も！宿泊
> グキャビンで！感動の体験ができる得プランです。
> 1 泊 34,000 円⇒24,000 円／1 室※
> ※大人 2 名、小学生以下のお子様 2 名の場合の料金です。

💬 選択範囲に段落記号（↵）を含んでも、含まなくてもフォントの色変更の操作結果に違いはありません。

2 ［ホーム］タブの［フォントの色］ボタンの▼をクリックします。

3 ［標準の色］の［青］をクリックします。

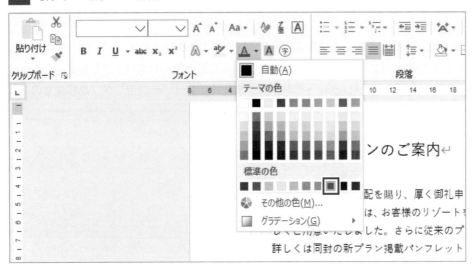

色にマウスポインターを合わせてしばらく待つと、色の名前が表示されます。

→ フォントの色を変更できました。

おすすめ新プラン↵

New!□家族で遊ぼう！アクティブリゾートプラン↵

自然の中で思いっきり体を動かして楽しめるアウトドア施設に加え、全天候ティビティも満載！夕食は豪華な BBQ、夜はガイド付きの天体観測も！宿泊グキャビンで！感動の体験ができる得プランです。↵
1 泊 34,000 円⇒24,000 円／1 室※↵
※大人 2 名、小学生以下のお子様 2 名の場合の料金です。↵

4 同様の方法で、下図の文字列を［テーマの色］の［オレンジ、アクセント 2］に設定します。

New!□特別を演出！サンセットビュープラン↵

太平洋に沈む夕日を眺めながらお食事が楽しめる宿泊プランです。日アップされた灯台をバックにピアノの生演奏をお楽しみください。ゆ流れます。↵
1 泊 26,000 円⇒16,000 円／1 名↵
↵
↵

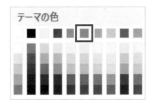

テーマの色

⏎OnePoint より豊富な色から選ぶには

フォントの色を［その他の色］から選ぶと、より豊富な色を選択することができます。
［ホーム］タブの［フォントの色］ボタンの▼をクリックして、［その他の色］をクリックします。
［色の設定］ダイアログボックスが表示されたら、［標準］タブまたは［ユーザー設定］タブから任意の
色を選択して［OK］をクリックします。

 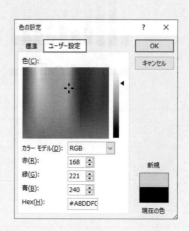

⏎OnePoint Word 2019 で指定できる色の種類について

Word 2019 では、［テーマの色］、［標準の色］、［その他の色］の 3 種類に色が分けられており、それぞ
れの特徴は以下のようになります。

・［テーマの色］…… 文書全体に設定されているテーマに連動した色です（初期設定のテーマは Office）。
　　　　　　　　　　テーマを［デザイン］タブの［テーマ］ボタンで変更すれば文書内の色も変化します。
　　　　　　　　　　ただしテーマを変更すると、色以外のその他の書式（標準のフォントなど）も変化
　　　　　　　　　　するため注意が必要です。
・［標準の色］……… 固定の色です。テーマと連動して変化しません。選べる色数は 10 色です。
・［その他の色］…… 自由に色を選べます。ダイアログボックスでの設定が必要です。

⏎OnePoint 文字の色を標準の色（黒）に戻すには

文字の色を標準の色に戻すには、文字の色の一覧から［自動］を選びます。

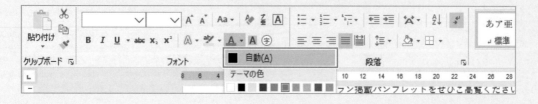

LESSON **2** | 囲み線と網かけを設定する

囲み線を設定すると、文字列の周囲を線で囲むことができます。また、網かけを設定すると、文字列に薄い灰色の背景を付けることができます。どちらも文書内の見出しや、強調したい箇所に対して使用します。

STEP 文字列に囲み線を設定する

1 下図の文字列を範囲選択します。

しくご用意いたしました。さらに従来のプランもお得にリニューアルしてお
詳しくは同封の新プラン掲載パンフレットをぜひご高覧ください。↵
↵
おすすめ新プラン↵

New!□家族で遊ぼう！アクティブリゾートプラン↵

自然の中で思いっきり体を動かして楽しめるアウトドア施設に加え、全天候

行末の段落記号（↵）は範囲選択に含んでも含まなくてもかまいません。

2 ［ホーム］タブの［囲み線］ボタンをクリックします。

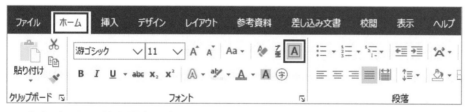

→ 文字列に囲み線を設定できました。

しくご用意いたしました。さらに従来のプランもお得にリニューアルしてお
詳しくは同封の新プラン掲載パンフレットをぜひご高覧ください。↵
↵
おすすめ新プラン↵

New!□家族で遊ぼう！アクティブリゾートプラン↵

自然の中で思いっきり体を動かして楽しめるアウトドア施設に加え、全天候

囲み線の設定範囲に游明朝や游ゴシックのフォントを使用している場合、フォントサイズが 10.5pt でも行間が自動的に広がることがあります。

STEP 文字列に網かけを設定する

1 再度、下図の文字列を範囲選択します。

> 詳しくは同封の新プラン掲載パンフレットをぜひご高覧ください。↵
>
> ↵
>
> [おすすめ新プラン↵]
>
> **New!□家族で遊ぼう！アクティブリゾートプラン**↵

2 ［ホーム］タブの［文字の網かけ］ボタンをクリックします。

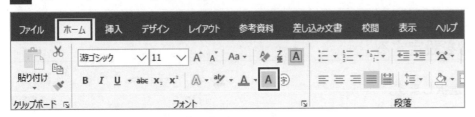

→ 文字列に網かけを設定できました。

> 詳しくは同封の新プラン掲載パンフレットをぜひご高覧ください。↵
>
> ↵
>
> [おすすめ新プラン↵]
>
> **New!□家族で遊ぼう！アクティブリゾートプラン**↵

網かけの結果、文字列が見えづらくなることもあるため注意が必要です。

One Point 囲み線、網かけを解除するには

囲み線、網かけを解除するには、解除したい範囲を選択し、もう一度［囲み線］ボタンまたは［文字の網かけ］ボタンをクリックします。すべてではありませんが、ボタンで簡単に設定できるタイプの書式の多くはボタンのクリックで簡単に解除できます。

One Point 設定されている複数の書式をまとめて解除するには

今回のように2種類以上の書式を同じ範囲に設定している場合、個別に設定を解除する方法の他に、まとめて解除する方法もあります。

・解除対象範囲を選択して、［ホーム］タブの ✑ ［すべての書式をクリア］ボタンをクリックする

・解除対象範囲を選択して、Ctrl＋スペースキーを押す

⊙OnePoint　囲み線の設定によって広がった行間を戻すには

フォントによっては、囲み線を設定すると行間が広がることがあります。問題ない場合はかまいませんが、レイアウトが崩れてしまったり、ページに収まりきらない部分がある場合は、[段落] ダイアログボックスの [インデントと行間隔] タブの [1 ページの行数を指定時に文字を行グリッド線に合わせる] チェックボックスをオフにすることで対処できます（P.63 の OnePoint 参照）。

⊙OnePoint　囲み線を複数行に設定すると

囲み線を複数行にわたって設定すると、以下のようにそれぞれの行ごとに線が引かれます。
複数行を 1 つの枠で囲みたい場合は、囲み線ではなく段落に罫線を引く機能を使用します（P.166 参照）。

> 平素より格別のご高配を賜り、厚く御礼申し上げます。
>
> このたび当ホテルでは、お客様のリゾートをより豊かに、より楽しくするご宿泊プランを新
>
> しくご用意いたしました。さらに従来のプランもお得にリニューアルしております。
>
> 詳しくは同封の新プラン掲載パンフレットをぜひご高覧ください。

⊙OnePoint　カラーの網かけを設定するには

網かけとよく似た効果で、"塗りつぶし" という書式があります。この書式を利用すると、カラーの網かけが設定できます。塗りつぶしは [ホーム] タブの [塗りつぶし] ボタンで実行できます。

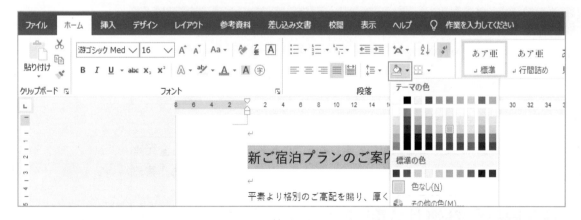

LESSON 3 | 太字や下線を設定する

文字列を強調するときに、太字にしたり、下線を引いたりすることはよくあります。手軽に設定できるため便利ですが、1つの文書の中で何箇所も設定すると本当に強調したい文字列などが分からなくなるので使いすぎないように注意しましょう。

STEP 文字列に太字を設定する

1 下図の文字列を範囲選択します。

> 自然の中で思いっきり体を動かして楽しめるアウトドア施設に加え、全天候
> ティビティも満載！夕食は豪華な BBQ、夜はガイド付きの天体観測も！宿泊
> グキャビンで！感動の体験ができる得プランです。↵
> 1泊 34,000 円⇒24,000 円／1室※↵
> ※大人2名、小学生以下のお子様2名の場合の料金です。↵
> ↵

2 ［ホーム］タブの［太字］ボタンをクリックします。

→ 文字列を太字に設定できました。

> 自然の中で思いっきり体を動かして楽しめるアウトドア施設に加え、全天候
> ティビティも満載！夕食は豪華な BBQ、夜はガイド付きの天体観測も！宿泊
> グキャビンで！感動の体験ができる得プランです。↵
> 1泊 34,000 円⇒**24,000 円／1室**※↵
> ※大人2名、小学生以下のお子様2名の場合の料金です。↵
> ↵

STEP 文字列に下線（青色の波線）を設定する

1 下図の文字列を範囲選択します。

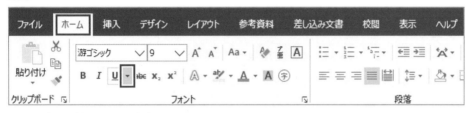

2 ［ホーム］タブの［下線］ボタンの▼をクリックします。

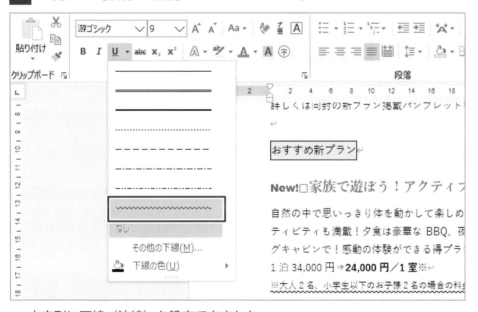

→ 下線の種類の一覧が表示されます。

3 一覧から［波線の下線］をクリックします。

下線の種類は左図の一
覧の中から自由に選ぶ
ことができます。
一般的な一重下線でよ
い場合は、▼をクリッ
クせずに［下線］ボタ
ンをそのままクリック
してもかまいません。
ただし直前に違う線種
を使用していた場合は
その線種が適用されま
す。

→ 文字列に下線（波線）を設定できました。

引き続き下線の色を変
更するので、範囲選択
はこのまま解除しない
で進めます。

4 再度、［下線］ボタンの▼をクリックします。

5 ［下線の色］にマウスポインターを合わせて、［テーマの色］の［青、アクセント1］をクリックします。

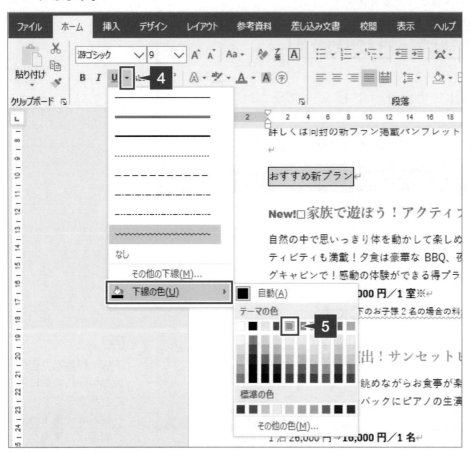

→ 下線の色を変更できました。

> グキャビンで！感動の体験ができる得プランです。↵
> 1泊34,000円⇒**24,000円／1室**※↵
> ※大人2名、小学生以下のお子様2名の場合の料金です。↵
> ↵
> **New!□特別を演出！サンセットビュープラン**↵

標準の下線の色はフォントの色と同じ色ですが、このように操作することで任意の色に変更できます。

⊙ OnePoint 太字、下線を解除するには

太字、下線を解除するには、設定した文字を範囲選択して、再度［太字］または［下線］のボタンをクリックします。

LESSON **4** 囲い文字を設定する

囲い文字は、1つの文字を丸などで囲んで表現したいときに使用します。文字を囲む形は、丸、四角、三角、ひし形から選ぶことができます。また、大きさのスタイルとして、行の高さに合わせて文字が小さくなる"外枠のサイズを合わせる"と、文字のサイズに合わせて行の高さが広がる"文字のサイズを合わせる"の2種類があります。

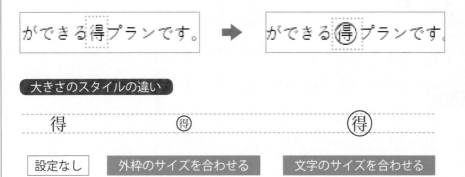

大きさのスタイルの違い

| 設定なし | 外枠のサイズを合わせる | 文字のサイズを合わせる |

STEP 囲い文字（丸）を設定する

1 下図の文字"得"を範囲選択します。

> 自然の中で思いっきり体を動かして楽しめるアウトドア施設に加え、全天候ティビティも満載！夕食は豪華な BBQ、夜はガイド付きの天体観測も！宿泊グキャビンで！感動の体験ができる得プランです。↵
> 1泊34,000円⇒**24,000円／1室**※↵
> ※大人2名、小学生以下のお子様2名の場合の料金です。↵
> ↵

💬 囲い文字は1文字に対してのみ設定できます。2文字以上の文字列には設定できません。

2 ［ホーム］タブの［囲い文字］ボタンをクリックします。

| ファイル | ホーム | 挿入 | デザイン | レイアウト | 参考資料 | 差し込み文書 | 校閲 | 表示 | ヘルプ |

→［囲い文字］ダイアログボックスが表示されます。

3 ［文字のサイズを合わせる］をクリックします。

4 ［OK］をクリックします。

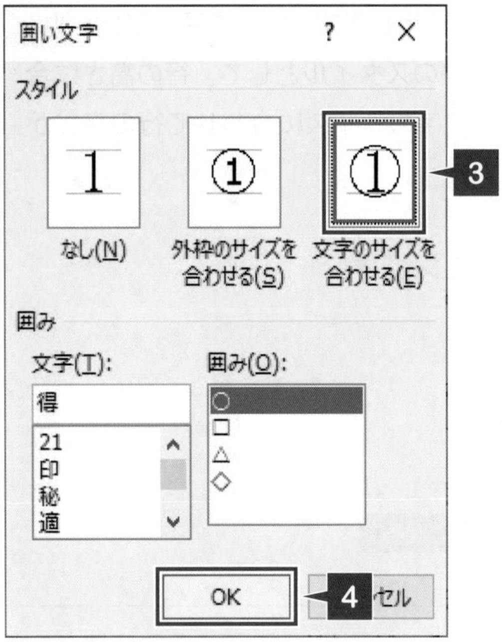

囲い文字
?
スタイル
なし(N)
外枠のサイズを合わせる(S)
文字のサイズを合わせる(E)
3
囲み
文字(T):
得
21
印
秘
適
囲み(O):
○
□
△
◇
OK
4
セル

囲い文字の種類には、四角、三角、ひし形も用意されています。

→ 囲い文字が設定できました。

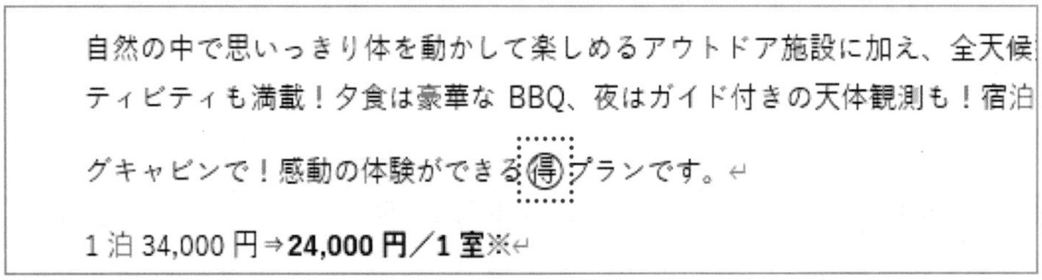

自然の中で思いっきり体を動かして楽しめるアウトドア施設に加え、全天候
ティビティも満載！夕食は豪華な BBQ、夜はガイド付きの天体観測も！宿泊
グキャビンで！感動の体験ができる得プランです。
1 泊 34,000 円⇒24,000 円／1 室※

“文字のサイズを合わせる”を設定しているため、行間が標準より少し広がります。

STEP 囲い文字のスタイルを［外枠のサイズを合わせる］に変更する

1 囲い文字の設定を行った“得”の文字を再度範囲選択します。

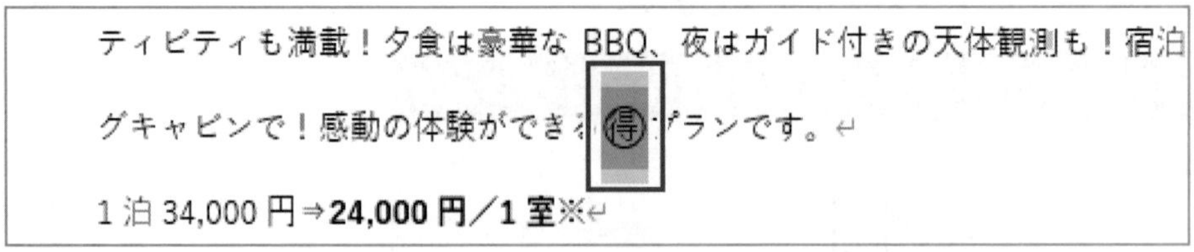

ティビティも満載！夕食は豪華な BBQ、夜はガイド付きの天体観測も！宿泊
グキャビンで！感動の体験ができる得プランです。
1 泊 34,000 円⇒24,000 円／1 室※

2 ［囲い文字］ボタンをクリックします。

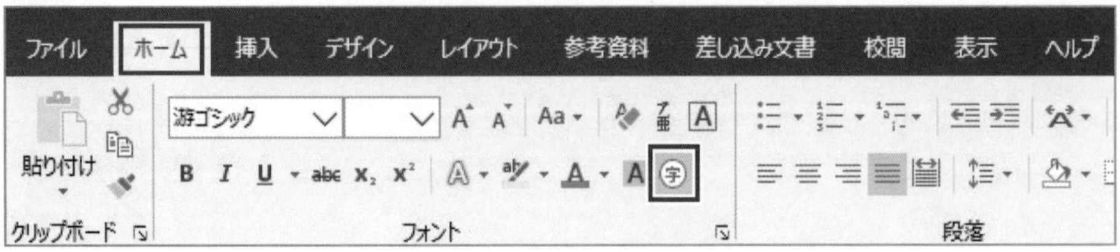

ファイル
ホーム
挿入
デザイン
レイアウト
参考資料
差し込み文書
校閲
表示
ヘルプ
游ゴシック
貼り付け
クリップボード
フォント
段落

3 ［外枠のサイズを合わせる］をクリックします。

4 ［OK］をクリックします。

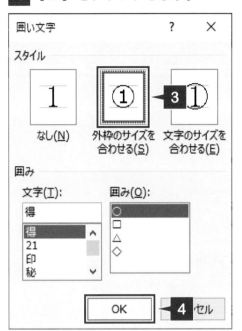

→ 文字のサイズを合わせたスタイルから、行の高さを合わせたスタイルに変更できました。

自然の中で思いっきり体を動かして楽しめるアウトドア施設に加え、全天候
ティビティも満載！夕食は豪華な BBQ、夜はガイド付きの天体観測も！宿泊
グキャビンで！感動の体験ができる得プランです。↵
1 泊 34,000 円⇒**24,000 円／1 室**※↵
※大人 2 名、小学生以下のお子様 2 名の場合の料金です。↵
　↵

画面では文字がはっき
り見えませんが、印刷
するときれいに見えま
す。ただし、文字のサ
イズはかなり小さくな
ります。

🔙 OnePoint　**囲い文字を解除するには**

囲い文字を解除するには、設定した文字を範囲選択して［囲い文字］ダイアログボックスの［スタイル］
の［なし］を選択して［OK］をクリックします。

LESSON 5 | 傍点を設定する

文の中の強調したい語句の上側や右側に打つ印のことを傍点と呼びます。Word では点と丸の2種類の傍点から選んで設定できます。

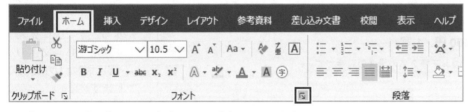

STEP ▶ 文字列に傍点（・）を設定する

1 文字列 "20% オフ" を範囲選択します。

ご宿泊の際フロントにて、この案内状を見たとお伝えください。次回ご利用いただ
泊代 20%オフ クーポンを差し上げます。↵
↵
オーシャンリゾートホテル□TEL：0XX-12X-56XX□担当：木羽茸↵

2 ［ホーム］タブの［フォント］グループの ⬓ ［フォント］をクリックします。

 ［フォント］は文字書式の詳細設定を行うためのボタンです。

ファイル ホーム 挿入 デザイン レイアウト 参考資料 差し込み文書 校閲 表示 ヘルプ

游ゴシック ∨ 10.5 ∨

→ ［フォント］ダイアログボックスが表示されます。

3 ［傍点］ボックスの ∨ をクリックします。

フォント

| フォント | 詳細設定 |

日本語用のフォント(T):
游ゴシック

英数字用のフォント(F):
(日本語用と同じフォント)

スタイル(Y):
標準
標準
斜体
太字

サイズ(S):
10.5
9
10
10.5

すべての文字列

フォントの色(C):　自動
下線(U):　(下線なし)
下線の色(I):　自動
傍点(:):　(傍点なし)

文字飾り

→ 2種類の傍点（・と、）が表示されます。

4 2種類の傍点のうち［・］をクリックします。

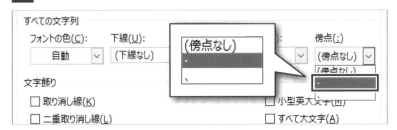

→ ダイアログボックスの下部にプレビュー（設定後のイメージ）が表示されます。

5 ［OK］をクリックします。

```
すべての文字列
  フォントの色(C):      下線(U):                下線の色(I):      傍点(:)
  [ 自動    ▽ ]     [ (下線なし)      ▽ ]    [ 自動    ▽ ]    [         ▽ ]

文字飾り
  □ 取り消し線(K)                        □ 小型英大文字(M)
  □ 二重取り消し線(L)                    □ すべて大文字(A)
  □ 上付き(P)                           □ 隠し文字(H)
  □ 下付き(B)

プレビュー
                              ・ ・ ・ ・ ・
  ─────────        20％オフ        ─────────

TrueType フォントです。印刷と画面表示の両方で使用されます。

[ 既定に設定(D) ]  [ 文字の効果(E)... ]           [ OK ]    [ キャンセル ]
```

→ 文字列に傍点を設定できました。

```
ご宿泊の際フロントにて、この案内状を見たとお伝えください。次回ご利用いただ
       ・ ・ ・ ・ ・
泊代 20％オフ クーポンを差し上げます。↵
↵
オーシャンリゾートホテル□TEL：0XX-12X-56XX□担当：木羽茸↵
```

傍点そのものに独自の
書式を設定することは
できません。

（One Point） **傍点を解除するには**

傍点を解除するには、設定した文字列を範囲選択して［フォント］ダイアログボックスを表示し、［傍点］
ボックスの一覧から［(傍点なし)］を選択して［OK］をクリックします。

LESSON 6 | 上付き文字、下付き文字を設定する

上付き文字、下付き文字を設定すると、行内の上側や下側に文字を小さくして配置できます。この設定をすることで文字サイズが小さくなるため、文字の入力時は通常のフォントサイズのままでかまいません。語句の横に注釈を付けたいときなどに使用します。

24,000 円／1 室※↵ ➡ 24,000 円／1 室※↵

STEP 上付き文字を設定する

1 下図の文字 " ※ " を範囲選択します。

ティビティも満載！夕食は豪華な BBQ、夜はガイド付きの天体観測も！宿泊は
グキャビンで！感動の体験ができる得プランです。↵
1 泊 34,000 円⇒**24,000 円／1 室※**
※大人 2 名、小学生以下のお子様 2 名の場合の料金です。↵

2 ［ホーム］タブの［上付き］ボタンをクリックします。

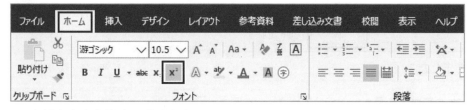

→ 上付き文字を設定できました。

ティビティも満載！夕食は豪華な BBQ、夜はガイド付きの天体観測も！宿泊は
グキャビンで！感動の体験ができる得プランです。↵
1 泊 34,000 円⇒**24,000 円／1 室※**
※大人 2 名、小学生以下のお子様 2 名の場合の料金です。↵

行の上半分に配置するために、文字のサイズも合わせて小さくなります。

⟲ OnePoint 上付き文字、下付き文字を解除するには

上付き文字、下付き文字を解除するには、設定した文字列を範囲選択して、再度［上付き］または［下付き］のボタンをクリックします。

LESSON 7 | 取り消し線を設定する

文字列を修正するとき、通常は修正前の文字列を削除しますが、修正前の文字列が何だったのかを示して修正後と比較してもらいたい場合は**取り消し線**を使用します。

STEP 文字列に取り消し線を設定する

1 下図の文字列を範囲選択します。

> ティピティも満載！夕食は豪華な BBQ、夜はガイド付きの天体観測も！宿
> グキャビンで！感動の体験ができる得プランです。↵
> 1 泊 34,000 円 ⇒24,000 円／1 室※↵
> ※大人 2 名、小学生以下のお子様 2 名の場合の料金です。↵
> ↵

2 ［ホーム］タブの［取り消し線］ボタンをクリックします。

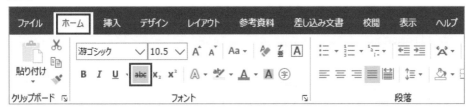

→ 文字列に取り消し線を設定できました。

> ティピティも満載！夕食は豪華な BBQ、夜はガイド付きの天体観測も！宿
> グキャビンで！感動の体験ができる得プランです。↵
> 1 泊 ~~34,000 円~~ ⇒24,000 円／1 室※↵
> ※大人 2 名、小学生以下のお子様 2 名の場合の料金です。↵
> ↵

3 同様の方法で、下図の箇所の文字列にも取り消し線を設定します。

> 太平洋に沈む夕日を眺めながらお食事が楽しめる宿泊プランです。日が落
> アップされた灯台をバックにピアノの生演奏をお楽しみください。ゆった
> 流れます。↵
> 1 泊 ~~26,000 円~~ ⇒16,000 円／1 名↵
> ↵

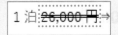

⟲ One Point　二重取り消し線を設定するには

二重取り消し線を設定するには、範囲選択後に［ホーム］タブの［フォント］グループの ⤵ ［フォント］をクリックして［フォント］ダイアログボックスを表示し、［二重取り消し線］チェックボックスをオンにして［OK］をクリックします。

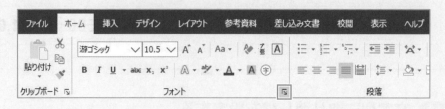

⟲ One Point　取り消し線、二重取り消し線を解除するには

取り消し線を解除するには、解除したい範囲を選択し、再度［取り消し線］ボタンをクリックします。また、二重取り消し線の解除は、いったん［取り消し線］ボタンをクリックして一時的に通常の取り消し線を設定し（この時点で二重取り消し線は解除されます）、そこから再度［取り消し線］ボタンをクリックして解除します。

LESSON **8** | 文字の効果と体裁を設定する

文字の効果と体裁を使うと、輪郭、影、光彩、反射など、標準の書式にはない表現が可能です。これらの効果を個別に設定していくこともできますが、初めからいくつかの効果を組み合わせた組み込みの効果も用意されており、それらを使用すると手軽に文字を装飾できます。

新ご宿泊プランのご案内↵　➡　新ご宿泊プランのご案内↵

STEP ▶ 表題に文字の効果と体裁を設定する

1 下図の文字列を範囲選択します。

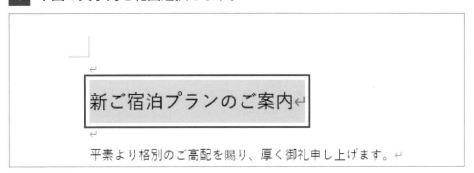

選択範囲に段落記号（↵）を含んでも、含まなくても操作結果に違いはありません。

2 ［ホーム］タブの［文字の効果と体裁］ボタンをクリックします。

→ 組み込み（あらかじめ用意されたもの）の効果と体裁の一覧が表示されます。

3 一覧から［塗りつぶし：青、アクセントカラー1；影］をクリックします。

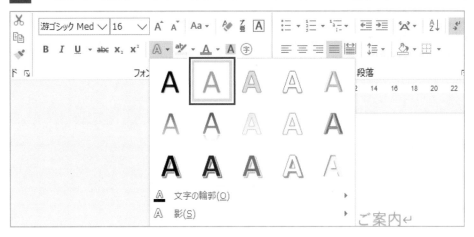

→ 表題に文字の効果と体裁を適用できました。

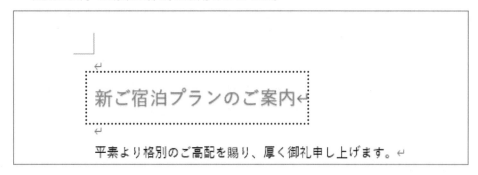

OnePoint 文字の効果と体裁を個別に設定するには

組み込みの効果ではなく、文字の効果と体裁を個別に設定したい場合は、組み込みの効果の一覧の下にある個別の設定項目を使用します（下図はその中の［光彩］の設定を開いた状態）。

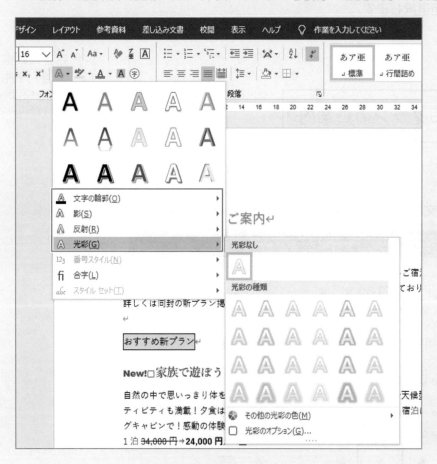

LESSON 9 | ルビ（ふりがな）を設定する

読みの分かりにくい漢字や英字にルビ（ふりがな）を振ることができます。
複数の単語や文章単位でまとめて設定することもできますが、範囲が広すぎる場合は一度で設定できないこともあります。

X-12X-56XX□担当：木羽茸 ➡ X-12X-56XX□担当：木羽茸

STEP 担当名の文字列にルビを設定する

1 下図の文字列を範囲選択します。

泊代 20%オフクーポンを差し上げます。↵
↵
オーシャンリゾートホテル□TEL：0XX-12X-56XX□担当 木羽茸↵

2 ［ホーム］タブの［ルビ］ボタンをクリックします。

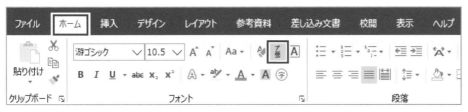

→［ルビ］ダイアログボックスが表示されます。

📝 ダイアログボックスには、ルビの候補やプレビューなどが表示されます。
ルビの候補は左図と異なる文字列が表示される場合もあります。

3 下図のように、それぞれの［ルビ］ボックスの文字を入力し直します。

対象文字列(B):	ルビ(R):
木羽茸	こばぶき

それぞれのボックス
内でクリックすれば、
カーソルを表示できま
す。

4 ［オフセット］ボックスの▲をクリックして、［1］にします。

		変更を元に戻す(D)
均等割り付け 2 ∨	オフセット(O): 1 ▲▼ pt	
游ゴシック ∨	サイズ(S): 5 ∨ pt	

オフセットとは、文字
列とルビの間隔です。

5 ［サイズ］ボックスの∨をクリックして、一覧から［6］をクリックします。

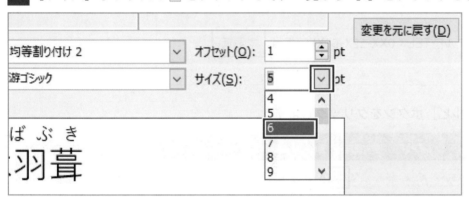

サイズとは、ルビの
フォントサイズです。

6 ［OK］をクリックします。

リゾートホテル□TEL：0XX-12X-56XX□担当：木羽茸←

→ 文字列にルビを設定できました。

🔄 **OnePoint　ルビを編集および解除するには**

対象の範囲を選択して、再度［ルビ］ダイアログボックスを表示します。編集したい場合は［ルビ］ボックスの内容を入力し直します。解除したい場合は［ルビの解除］をクリックします。

STEP 文書「**Chap2_宿泊プランのご案内**」を上書き保存して閉じる

1 文書「**Chap2_宿泊プランのご案内**」を上書き保存して閉じます。

新ご宿泊プランのご案内↵

平素より格別のご高配を賜り、厚く御礼申し上げます。↵
このたび当ホテルでは、お客様のリゾートをより豊かに、より楽しくするご宿泊プランを新
しくご用意いたしました。さらに従来のプランもお得にリニューアルしております。↵
詳しくは同封の新プラン掲載パンフレットをぜひご高覧ください。↵

おすすめ新プラン↵

New!□**家族で遊ぼう！アクティブリゾートプラン**↵

自然の中で思いっきり体を動かして楽しめるアウトドア施設に加え、全天候型の屋内アク
ティビティも満載！夕食は豪華な BBQ、夜はガイド付きの天体観測も！宿泊はグランピン
グキャビンで！感動の体験ができる優プランです。↵
1泊 34,000 円⇒**24,000 円／1 室**↵
※大人 2 名、小学生以下のお子様 2 名の場合の料金です。↵

New!□**特別を演出！サンセットビュープラン**↵

太平洋に沈む夕日を眺めながらお食事が楽しめる宿泊プランです。日が落ちた後はライト
アップされた灯台をバックにピアノの生演奏をお楽しみください。ゆったりとした時間が
流れます。↵
1泊 26,000 円⇒**16,000 円／1 名**↵
↵
ご宿泊の際フロントにて、この案内状を見たとお伝えください。次回ご利用いただけるご宿
泊代 20％オフクーポンを差し上げます。↵
↵
オーシャンリゾートホテル□TEL：0XX-12X-56XX□担当：木羽且↵

学習のまとめ　CHAPTER 2 章末練習問題

【章末練習問題 1】防災設備点検のお知らせ

スクール基礎 _Word 2019 ▶ CHAPTER2 ▶ 章末練習問題 ▶ 「Chap2_ 防災設備点検のお知らせ」

1 文書「Chap2_ 防災設備点検のお知らせ」を開きましょう。
※ CHAPTER1 の章末練習問題で作成した文書を使用してもかまいません。

2 8 行目の文字列 " 防災設備点検のお知らせ " のフォントサイズを "16pt" に設定しましょう。また、フォントを " 游明朝 Demibold" に設定しましょう。

3 25 行目～ 27 行目の文字列のフォントサイズを "10pt" に設定しましょう。また、フォントを " 游ゴシック " に設定しましょう。

4 文書を上書き保存して閉じましょう。

＜完成例＞

令和 2 年 2 月 17 日

各地区公民館長殿

藤野町生涯学習課
課長□中野□弘司

防災設備点検のお知らせ

拝啓□余寒の候、ますます御健勝のこととお慶び申し上げます。日頃は公民館業務にご尽力いただきありがとうございます。

さて、下記日程にて公民館点検を実施いたします。

つきましては、ご多用とは存じますが、該当時間帯に必ずご在館くださいますよう、ご協力をお願い申し上げます。

都合の悪い場合は、実施 2 日前までにお電話にてご連絡ください。

敬具

記

点検期間□□□3 月 12 日～3 月 14 日
連絡先□□□生涯学習課□担当：小島□電話：66-7777

◆点検日程表◆

所要時間は約 1 時間です。
点検箇所は玄関・事務所・ホール・調理室・和室・資料室・トイレ・流し・廊下です。
恐れ入りますが、各所の事前清掃をお願いいたします。

以上

【章末練習問題 2】クッキングサークル案内状

📁 スクール基礎 _Word 2019 ▶ 📁 CHAPTER2 ▶ 📁 章末練習問題 ▶ W 「Chap2_ クッキングサークル案内状」

1. 文書「Chap2_ クッキングサークル案内状」を開きましょう。
   ※ CHAPTER1 の練習問題で自分が作成した文書があればそれを使用してもかまいません。

2. 文書全体のフォントを "游ゴシック" に変更しましょう。

3. 7 行目の文字列 "パン・お菓子づくり講座のご案内" のフォントサイズを "15pt" に設定しましょう。また、フォントを "HGS 創英角ポップ体" に設定し、フォントの色を "オレンジ、アクセント 2" に変更しましょう。

4. 15 行目の文字 "A" に "四角形" の囲い文字を設定しましょう。スタイルは "外枠のサイズを合わせる" を選択します。

5. 22 行目の文字列 "地元の小麦で作る無添加パン" と 24 行目の文字列 "簡単クッキーとケーキ" のフォントサイズを "12pt" に設定しましょう。また、文字の効果と体裁を "塗りつぶし：白; 輪郭：オレンジ、アクセント カラー 2; 影（ぼかしなし）：オレンジ、アクセント カラー 2" に設定しましょう。

6. 22 行目の文字列 "参加費" と ":1,500 円" の間に「※」を入力して、上付きに設定しましょう。

7. 22 行目の文字列 "1500" に取り消し線を設定しましょう。また、"1,500 円" の後ろに続けて「→ 1,000 円」と入力しましょう。
   ※記号「→」は、「みぎ」または「やじるし」と入力して変換します。

8. 手順7と同様の操作を 24 行目にも行いましょう。入力する文字は「→ 700 円」です。

9. 22 行目の文字列 "1,000 円" と 24 行目の文字列 "700 円" を "太字" に設定しましょう。

10. 文書を上書き保存して閉じましょう。

＜完成例＞

2020 年 9 月 9 日←
会員各位←
クッキングサークル←
フィオーレ←
代表□山田□光子←
←

パン・お菓子づくり講座のご案内←

←

　10 月の料理教室は「手軽に作れるパン・お菓子」と題して、地元の小麦を使ったパンと
家庭で簡単に作れるお菓子を紹介します。←
　皆様お誘いあわせのうえ、ご参加くださいませ。←
←
←

開催日時：10 月 9 日□午後 2 時〜午後 4 時←
会□□場：サンスクエアガーデン西棟 1 階クッキングルーム←
定□□員：10 名←
申込方法：事務局まで直接お電話にてお申し込み←
←
←

内容←
←

地元の小麦で作る無添加パン□参加費※：~~1,500~~円→**1,000 円**←

←

簡単クッキーとケーキ□□□□参加費：~~1,000~~円→**700 円**←

←

※参加費は材料費込みの金額です。←
←

【章末練習問題 3】青葉山登山のお誘い

1. 文書「Chap2_青葉山登山のお誘い」を開きましょう。

2. 1行目の文字列 "9月10日は青葉山の日" のフォントサイズを "14pt" に設定しましょう。また、フォントを "HGS創英角ゴシック UB" に、フォントの色を " 緑、アクセント 6" に設定しましょう。

3. 1行目の文字列のうち、"9" と "10" と " 青葉山の日 " の文字列だけ、フォントサイズを "20pt" に変更しましょう。

4. 2行目の文字列 "～青葉山に登って自然を満喫しよう！～" のフォントサイズを "20pt" に設定しましょう。また、フォントを " 游明朝 Demibold" に設定しましょう。

5. 1行目の文字列 " 青葉山 " に「あおばやま」というルビを設定しましょう。オフセットとサイズは以下の設定にして、それ以外はそのままの設定にします。
   - オフセット：1pt
   - サイズ：8pt

6. 2行目の文字列 " ～青葉山に登って自然を満喫しよう！～ " に文字の効果と体裁 " 塗りつぶし（グラデーション）：青、アクセントカラー 5；反射 " を設定しましょう。

7. 4行目の文字列 "910" に傍点 "、" を設定しましょう。

8. 12行目の文字列 " 初心者の方や不安な方はボランティアガイドと一緒に登れます。" に下線 " 二重下線 " を設定しましょう。下線の色は " 緑、アクセント 6" に設定しましょう。

9. 18～19行目の文字列のフォントサイズを "8pt" に設定しましょう。。

10. 文書を上書き保存して閉じましょう。

＜完成例＞

9月10日は青葉山の日

あおばやま

～青葉山に登って自然を満喫しよう！～

標高910m、ブナやカエデの原生林が広がる青葉山は、四季折々に様々な表情が楽しめる美しい山です。登山道はなだらかで、山頂までの景色を楽しみながらのんびりと登ることができます。標高にちなみ、9月10日は青葉山の日になっています。この日に青葉山登山を楽しみませんか？

登頂された方には登頂証明書を授与いたします。また、山頂では軽食のサービスや記念グッズの配布も予定しております。

【実施日】□9月10日（日）午前8時～午後4時の間は登山口と山頂にボランティアガイドが待機します。初心者の方や不安な方はボランティアガイドと一緒に登れます。当日は、駅⇔登山口間を臨時バスが運行します。

臨時バス時刻表

登山口には駐車場もございます。

《主催》松野市観光協会

《協力》青葉山同好会

山登りを楽しもう！

段落の書式を設定する

ここでは、段落に書式を設定する方法を学習します。
行揃え、均等割り付け、インデント、行間など文書のレイアウト
を整える方法を知れば、読みやすい文書を作ることができるよう
になります。

3-1 基本の段落書式を設定する

段落書式は、行揃え、均等割り付け、インデントなど、段落に対して設定する書式です。段落書式を設定するときは、対象の段落をドラッグして範囲選択するか、もしくは段落内にカーソルを合わせて設定を行います。

LESSON 1 | 段落とは

文字の入力中に Enter キーを押すと段落記号（↵）が入力され、その後ろで改行されますが、このとき改行されるとともに段落も区切られています。

Word では文章の内容にかかわらず、段落記号（↵）の次の行の先頭から、次の段落記号（↵）までを 1 つの段落として数えます。そのため、1 行で終わる段落もあれば（下図の①）、複数行に及ぶ段落もあります（下図の②）。また、空白行も 1 つの段落（下図の③）と考えます。

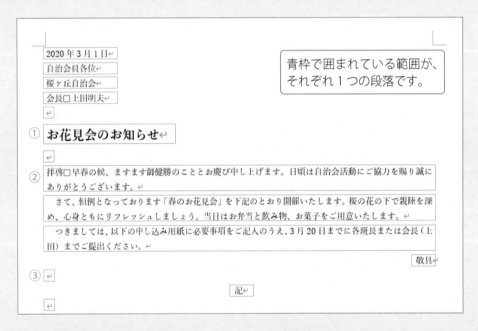

文字の入力時に不自然な位置で段落を区切ったり、適切な位置で区切らないでいたりすると、後で行う段落書式の設定に支障がでることがあります。Enter キーを押して改行するときは、"段落も区切っている"ということを意識するようにしましょう。

STEP 文書「お花見会のお知らせ」を開く

1 CHAPTER1 ～ 2 で使用した文書「お花見会のお知らせ」を開きます。

> スクール基礎 _Word 2019 ▶ CHAPTER1 ▶ W 「お花見会のお知らせ」

作成した文書がない場合は、実習用データの「Chap3_お花見会のお知らせ」を開いてください。
実習用データはインターネットからダウンロードできます。詳細は本書のP.（4）に記載されています。

2 現在の文書の段落構成を確認します。

CHAPTER1 ～ 2 で作成した文書がどのような段落構成になっているか、改めて確認してみましょう。
余分な段落記号（↵）が入力されている場合は削除します。
反対に必要な位置に段落記号（↵）が入力されていない場合は、その位置にカーソルを移動し、Enter キーを押して入力しましょう。

LESSON 2 | 行揃えを設定する

本書で作成するような定型の文書の場合、発信日や発信者の名前を行の右端に揃え、表題を行の中央に揃えるのが一般的です。行揃えの段落書式を利用すれば、手間をかけずにきれいに右端や中央に揃えることができます。

まれに空白文字をいくつも入力して右端や中央に文字を配置している文書を見かけますが、これはきれいに揃わないことや、文字を修正すると再度位置の調整が必要になるなど、良い方法とは言えませんので行揃えを利用しましょう。

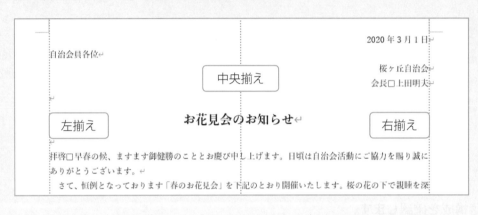

STEP 発信日と発信者の段落を右揃えにする

1 1行目 "2020 年 3 月 1 日" の段落を範囲選択します。

ここでは行全体を範囲選択していますが、対象の段落内にカーソルを移動しておくだけでもかまいません。

2020 年 3 月 1 日

2 ［ホーム］タブの［右揃え］ボタンをクリックします。

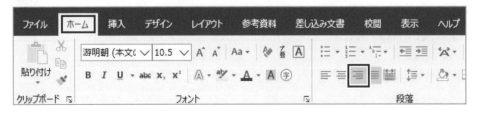

→ 選択した段落を右揃えにできました（範囲選択は解除します）。

3 同様の方法で、3 行目と 4 行目の段落も右揃えを設定します。

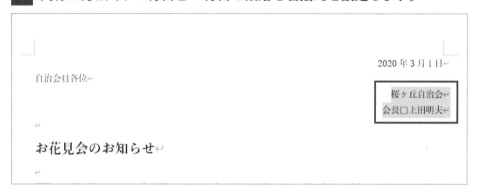

2 行をまとめて範囲選択すれば、一度に設定できます。

STEP 表題を中央揃えにする

1 表題の文字列 " お花見会のお知らせ " の段落を範囲選択します。

ここでも行全体を範囲選択する方法以外に、対象の段落内にカーソルを移動する方法でも設定できます。

2 ［ホーム］タブの［中央揃え］ボタンをクリックします。

→ 選択した段落を中央揃えにできました。

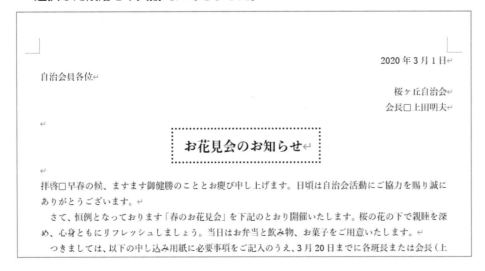

3 同様の方法で、24 行目と 25 行目の各段落に中央揃えを設定します。

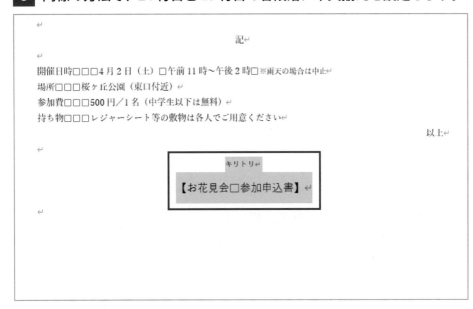

2 行をまとめて選択すれば、一度に設定できます。

OnePoint 右揃えや中央揃えを解除するには

右揃えや中央揃えの設定を解除して、文字列を行の左端へ戻すときは、対象の段落を選択して［ホーム］タブの［両端揃え］ボタンをクリックします。

［左揃え］ボタンの場合は右端が揃いませんが、［両端揃え］ボタンは文字間を調整して右端も揃うので、通常は［両端揃え］ボタンを設定します。

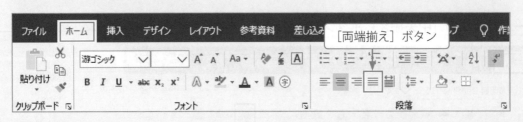

LESSON 3 ｜ 均等割り付けを設定する

文字数の異なる文字列を同じ幅に揃えたい場合は**均等割り付け**と呼ばれる機能を使います。文字列の幅を自由に指定することができ、広げることも狭めることもできます。

> 5 文字幅に均等割り付け
>
> 開 催 日 時□□□4 月 2 日（土）□午前 11 時〜午後 2 時□※雨天の
> 場　　　所□□□桜ヶ丘公園（東口付近）↵
> 参 　加 　費□□□500 円／1 名（中学生以下は無料）↵
> 持 　ち 　物□□□レジャーシート等の敷物は各人でご用意ください

均等割り付け以外に文字幅を揃える方法として、文字と文字の間に空白文字を入力して揃えるという方法もありますが、字数の関係上揃えられないときもあります。均等割り付けの機能はそのようなときに特に効果を発揮します。

STEP ▶ **複数の文字列に均等割り付け（5 文字幅）を設定する**

1 文字列 " 開催日時 " を範囲選択します。

> ↵
> 開催日時□□□4 月 2 日（土）□午前 11 時〜午後 2 時□※雨天の
> 場所□□□桜ヶ丘公園（東口付近）↵
> 参加費□□□500 円／1 名（中学生以下は無料）↵
> 持ち物□□□レジャーシート等の敷物は各人でご用意ください↵

2 Ctrl キーを押しながら、文字列 " 場所 " を範囲選択します。

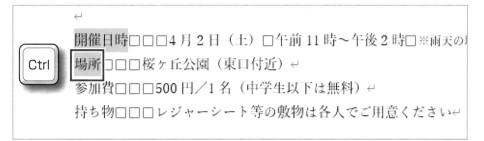

この操作は、離れた範囲を選択するときのテクニックです。

右余白縦書き：段落の書式を設定する　3

3 同様の方法で、文字列"参加費"、"持ち物"を範囲選択します。

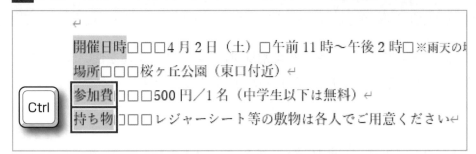

4 ［ホーム］タブの［均等割り付け］ボタンをクリックします。

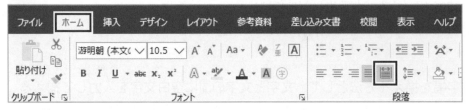

→ ［文字の均等割り付け］ダイアログボックスが表示されます。

5 ［新しい文字列の幅］ボックスの▲を2回クリックして［5字］に設定します。

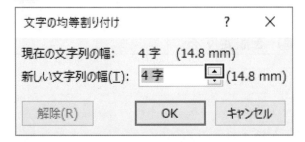

📝
▲▼の1回のクリック
につき数値は 0.5 字ず
つ増減します。

6 ［OK］をクリックします。

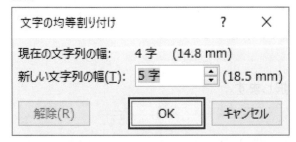

→ 選択した文字列に均等割り付け（5文字幅）を設定できました。

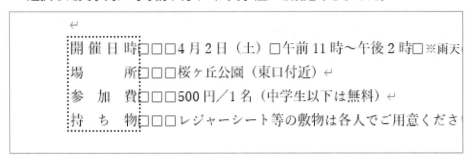

⟲ **One Point** **均等割り付けを設定した文字列に表示される水色の下線**

均等割り付けを設定した文字列にカーソルを合わせると、水色の下線が表示されますが、これは文字列に均等割り付けが設定されていることを示すもので、印刷はされません。また別の場所へカーソルを移動すると表示されなくなります。

開 催	日 時□□□4月2日（土）□午前11時〜午後2時□ ※雨天の場合は中止↵
場	所□□□桜ヶ丘公園（東口付近）↵

⟲ **One Point** **均等割り付けを解除するには**

均等割り付けを解除するには、対象の文字列を選択して、再度［文字の均等割り付け］ダイアログボックスを表示し、［解除］をクリックします。

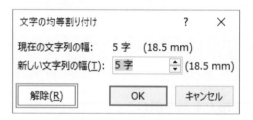

⟲ **One Point** **行全体に均等割り付けを設定した場合**

選択範囲に段落記号（↵）を含めると、均等割り付けの効果が大きく変わります。
［文字の均等割り付け］ダイアログボックスは表示されず、文字が行の左端から右端まで等間隔に配置されます。

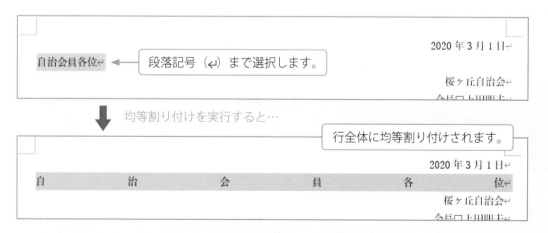

ドラッグ操作で段落記号（↵）を含まずに範囲選択するのが難しい場合は、いったん段落記号（↵）を含んで選択した後、Shift＋←キーを押して段落記号を選択しないようにします。

LESSON 4 | 左右のインデントを設定する

インデントは、段落の左端や右端の位置を設定する機能です。インデント（indent）という単語には、くぼみやへこみという意味があり、Wordでは他の行よりも文字列を下げる機能のことをこのように呼びます。

段落の開始位置（左端）を左インデント、終了位置（右端）を右インデントと呼び、文字数、ポイント数、または距離（mm）で指定します。

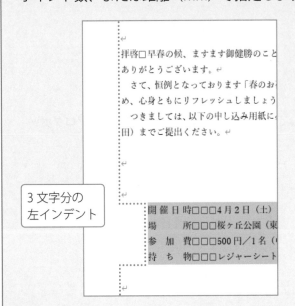

3文字分の
左インデント

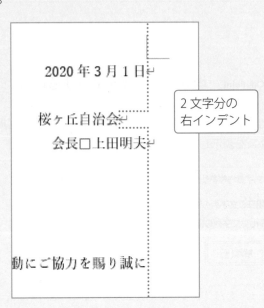

2文字分の
右インデント

STEP 18行目から21行目までに左インデント（3文字分）を設定する

1 18行目から21行目を範囲選択します。

つきましては、以下の申し込み用紙に必要事項をご記入のうえ、3月20日までに各班長または田）までご提出ください。↵

↵

記↵

開 催 日 時□□□4月2日（土）□午前11時〜午後2時□※雨天の場合は中止↵
場　　　所□□□桜ヶ丘公園（東口付近）↵
参　加　費□□□500円／1名（中学生以下は無料）↵
持　ち　物□□□レジャーシート等の敷物は各人でご用意ください↵

↵

2 ［レイアウト］タブの［左インデント］ボックス内をクリックします。

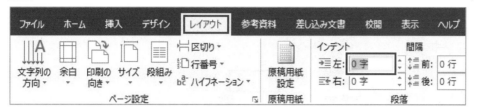

→ "0 字 " の表記が青色で選択されます。

3 「3」と入力して、Enter キーを押します。

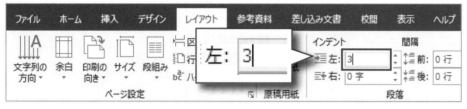

ボックスの右側の▲▼
をクリックしても数値
を指定できます。

→ 選択した段落に 3 文字分の左インデントを設定できました。

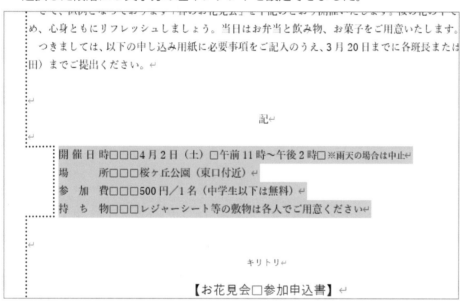

STEP 3 行目に右インデント（2 文字分）を設定する

1 3 行目内の任意の位置にカーソルを移動します。

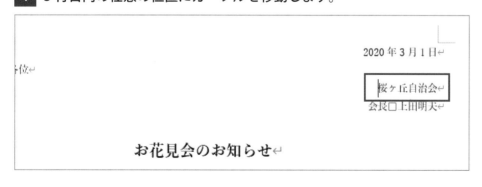

段落に対する設定は、
対象の段落内にカーソ
ルを合わせるだけでも
設定が可能です。もち
ろん範囲選択してもか
まいません。

3

段落の書式を設定する

2 ［レイアウト］タブの［右インデント］ボックス内に「2」と入力します。

→ カーソルがある段落に 2 文字分の右インデントを設定できました。

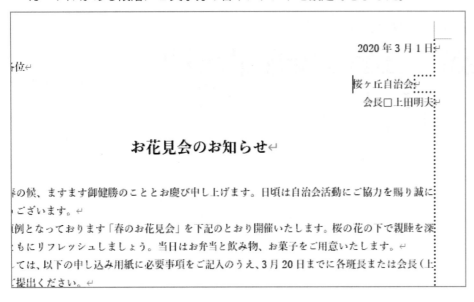

左インデントを設定するその他の方法

左インデントは、［ホーム］タブの［インデントを増やす］ボタン、［インデントを減らす］ボタンでも設定できます。
ボタン 1 回のクリックにつき段落の開始位置が 1 文字分移動します。

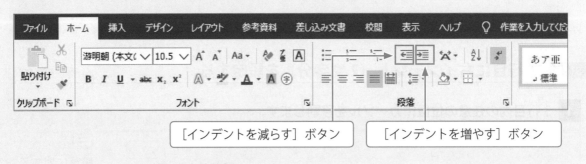

段落書式をまとめて解除するショートカットキー

Ctrl + Q キーを押すと、ほぼすべての段落書式が解除され、初期状態に戻ります。

→ 文書は下図のようになります。

2020 年 3 月 1 日

自治会員各位

桜ヶ丘自治会
会長□ 上田明夫

お花見会のお知らせ

拝啓□早春の候、ますます御健勝のこととお慶び申し上げます。日頃は自治会活動にご協力を賜り誠にありがとうございます。

さて、恒例となっております「春のお花見会」を下記のとおり開催いたします。桜の花の下で親睦を深め、心身ともにリフレッシュしましょう。当日はお弁当と飲み物、お菓子をご用意いたします。

つきましては、以下の申し込み用紙に必要事項をご記入のうえ、3 月 20 日までに各班長または会長（上田）までご提出ください。

敬具

記

開 催 日 時□□□4 月 2 日（土）□午前 11 時～午後 2 時□※雨天の場合は中止
場　　　所□□□桜ヶ丘公園（東口付近）
参 　加 　費□□□500 円／1 名（中学生以下は無料）
持 　ち 　物□□□レジャーシート等の敷物は各人でご用意ください

以上

キリトリ

【お花見会□参加申込書】

---

3 文書を上書き保存して閉じます。

3-2 詳細な段落書式を設定する

段落書式にはまだまだ多くの種類があります。たとえばインデント機能も、基本の左インデント、右インデントの他に1行目のインデントや、ぶら下げインデントといった特殊なものがあります。また行間を細かく設定する機能や、段落の前後に間隔を設ける機能などもあります。それらの詳細な段落書式を身に付けて、見やすいレイアウトの文書作成を目指しましょう。

LESSON 1 | 1行目（字下げ）のインデントを設定する

日本語の文書では、段落の始まりを1文字分字下げする習慣があります。ただし、スペースキーで1箇所ずつ字下げをしようとすると、段落が多い場合には手間がかかるうえに、入力を忘れるといった失敗が起こりやすくなります。字下げインデントを設定することで、これらの問題を解消できます。

各段落の1行目を自動的に字下げできます。

▶ 日頃は町内会活動へのご理解ご協力、誠にありがとうございます。↵
▶ 例年、皆様にご協力いただいております町内清掃活動を、今年度も以下の要領で実施いたします。↵
▶ 早朝からの実施となりますが、ご協力のほどよろしくお願いいたします。なお、前年度より1世帯につき1名以上のご参加をお願いしております。↵

STEP ▶ 段落に字下げインデント（1文字）を設定する

1 実習用データの文書「Chap3_町内清掃活動」を開きます。

📁 スクール基礎_Word 2019 ▶ 📁 CHAPTER3 ▶ �📄「Chap3_町内清掃活動」

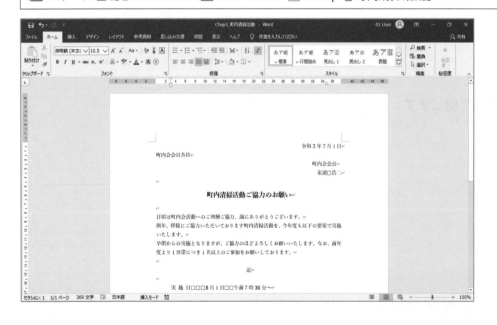

💬 実習用データはインターネットからダウンロードできます。詳細は本書のP.（4）に記載されています。

2 8行目から12行目までを範囲選択します。

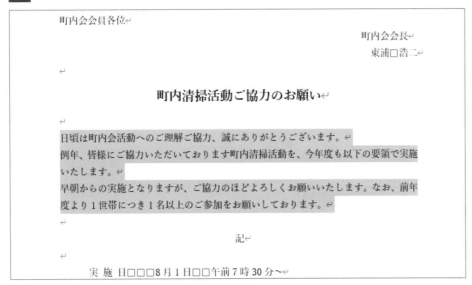

→　選択した範囲には、以下のように3つの段落が含まれています。

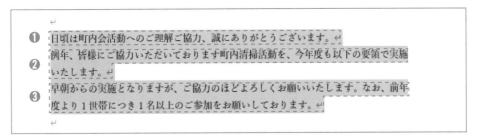

3 ［ホーム］タブの［段落］グループの　［段落の設定］をクリックします。

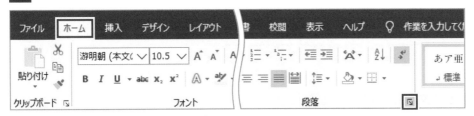

→　［段落］ダイアログボックスの［インデントと行間隔］タブが表示されます。

4 ［最初の行］ボックスの　をクリックします。

段落			？ ×
インデントと行間隔　改ページと改行　体裁			

全般

配置(G):　両端揃え

アウトライン レベル(O):　本文　　□ 既定で折りたたみ(E)

インデント

左(L):　0字　　最初の行(S):　　幅(Y):

右(R):　0字　　(なし)

違うタブが表示されている場合は、［インデントと行間隔］タブをクリックして切り替えます。

5 一覧から［字下げ］をクリックします。

全般

配置(G):　両端揃え

アウトライン レベル(O):　本文　　□ 既定で折りたたみ(E)

インデント

左(L):　0 字　　　最初の行(S):　　幅(Y):

右(R):　0 字　　　(なし)

　　　　　　　　　　(なし)

□ 見開きページのインデント幅を設定する(M)　字下げ

☑ 1 行の文字数を指定時に右のインデント幅を自動調整する(D)　ぶら下げ

間隔

→ ［幅］ボックスに［1 字］と表示されます。

全般

配置(G):　両端揃え

アウトライン レベル(O):　本文　　□ 既定で折りたたみ(E)

インデント

左(L):　0 字　　　最初の行(S):　　幅(Y):

右(R):　0 字　　　字下げ　　　1 字

□ 見開きページのインデント幅を設定する(M)

☑ 1 行の文字数を指定時に右のインデント幅を自動調整する(D)

間隔

［1 字］以外の字下げを設定することもできます。その場合は［幅］ボックスの▲▼をクリックして数値を指定します。

6 ［OK］をクリックします。

→ 選択した各段落の 1 行目が 1 文字分字下げされました。

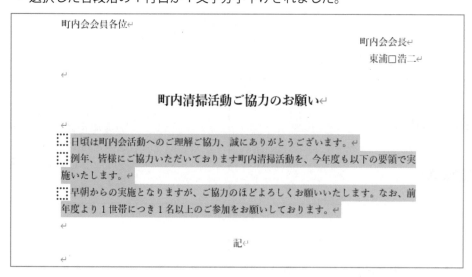

LESSON 3 ｜ ぶら下げインデントを設定する

ぶら下げインデントは、段落の 2 行目以降を字下げする機能です。
たとえば下図のような項目名の後ろに内容文が続く段落の場合、段落の 2 行目以降の位置は 1 行目の内容文の先頭と揃えたほうが文章が読みやすくなります。

| 清掃内容□□□ゴミ拾い、草刈り、土砂や泥の除去、その他必要と思われる清掃活動一般↵ | 内容文の先頭が揃っていないため、文章が読みにくくなります。 |

| 清掃内容□□□ゴミ拾い、草刈り、土砂や泥の除去、その他必要と思われる清掃活動一般↵ | 内容文の先頭が揃っているため、文章が読みやすくなります。 |

ここで言う "2 行目以降" とは、各段落の 2 行目以降です。そのため段落によっては 2 行目以降が存在しない段落もあります。そのような段落は、ぶら下げインデントを設定した時点では見た目の変化はありませんが、後から文字を追加して段落が 2 行以上になったとき効果が適用されます。

また、段落内で Shift + Enter キーを押して改行すると、**段落は続いたまま行の途中で改行でき**ます。このときは段落記号（↵）ではなく改行の編集記号（↓）が表示されます。この方法を使うと下図のように文字が行の右端まで入力されていなくても、ぶら下げインデントの効果を利用することができます。

配布用具□□□ゴミ袋（一般用、草用、土砂用）↓ ←——— Shift+Enter キーによる改行
　　　　　　作業用手袋↓
　　　　　　飲み物↵

STEP 段落にぶら下げインデント（7 文字分）を設定する

1 16 行目から 22 行目までを範囲選択します。

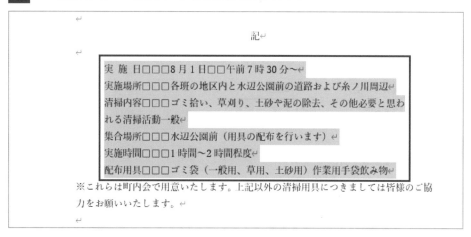

記↵

実 施 日□□□8 月 1 日□□午前 7 時 30 分～↵
実施場所□□□各班の地区内と水辺公園前の道路および糸ノ用周辺↵
清掃内容□□□ゴミ拾い、草刈り、土砂や泥の除去、その他必要と思われる清掃活動一般↵
集合場所□□□水辺公園前（用具の配布を行います）↵
実施時間□□□1 時間～2 時間程度↵
配布用具□□□ゴミ袋（一般用、草用、土砂用）作業用手袋飲み物↵
※これらは町内会で用意いたします。上記以外の清掃用具につきましては皆様のご協力をお願いいたします。↵

2 ［ホーム］タブの［段落］グループの［段落の設定］をクリックします。

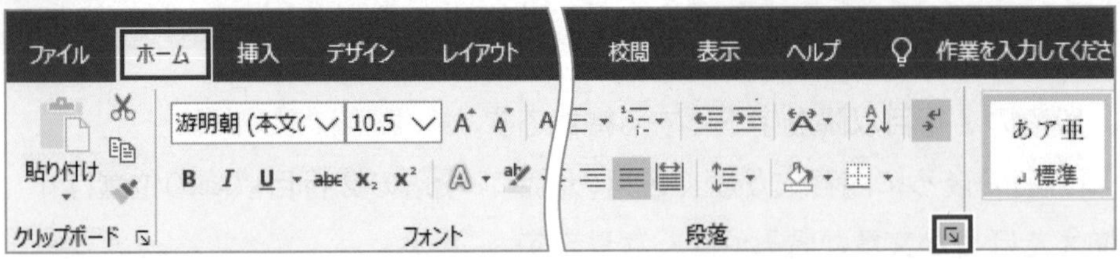
ファイル
ホーム
挿入
デザイン
レイアウト
校閲
表示
ヘルプ
作業を入力してくださ
游明朝 (本文(
10.5
貼り付け
クリップボード
フォント
段落
あア亜
標準

→［段落］ダイアログボックスの［インデントと行間隔］タブが表示されます。

3 ［最初の行］ボックスのをクリックします。

4 一覧から［ぶら下げ］をクリックします。

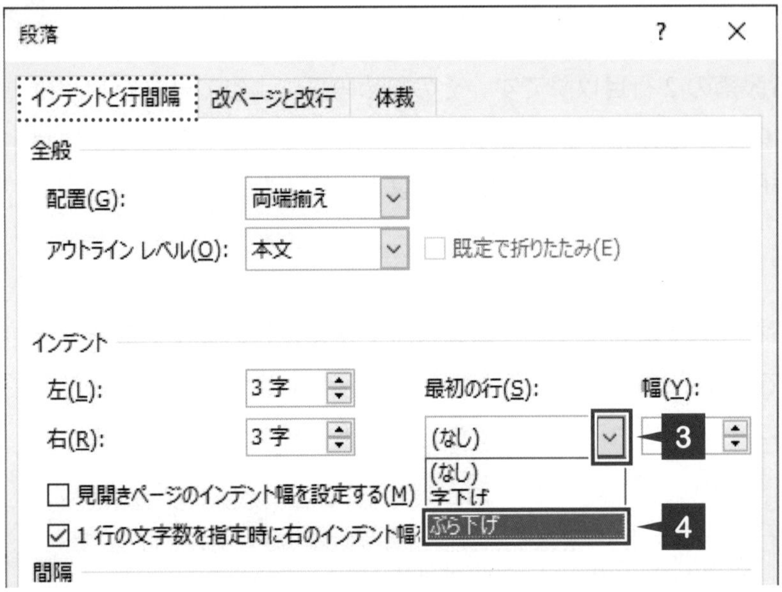
段落
インデントと行間隔
改ページと改行
体裁
全般
配置(G):
両端揃え
アウトライン レベル(O):
本文
既定で折りたたみ(E)
インデント
左(L):
3 字
右(R):
3 字
最初の行(S):
幅(Y):
(なし)
(なし)
字下げ
ぶら下げ
見開きページのインデント幅を設定する(M)
1 行の文字数を指定時に右のインデント幅
間隔
3
4

違うタブが表示されている場合は、［インデントと行間隔］タブをクリックして切り替えます。

5 ［幅］ボックスを［7 字］に変更します。

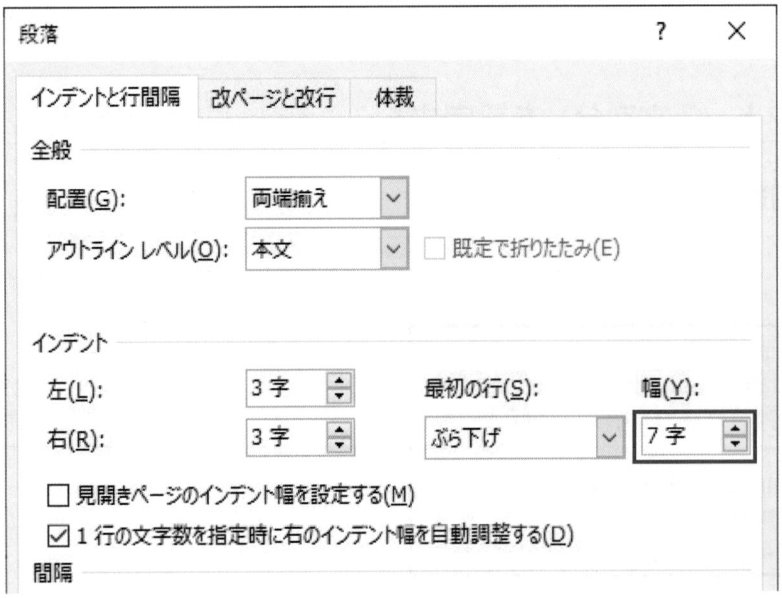
段落
インデントと行間隔
改ページと改行
体裁
全般
配置(G):
両端揃え
アウトライン レベル(O):
本文
既定で折りたたみ(E)
インデント
左(L):
3 字
右(R):
3 字
最初の行(S):
ぶら下げ
幅(Y):
7 字
見開きページのインデント幅を設定する(M)
1 行の文字数を指定時に右のインデント幅を自動調整する(D)
間隔

今回は［7 字］に設定していますが、項目名の長さなどに合わせて、数値を検討します。

6 ［OK］をクリックします。

→ 選択した各段落の 2 行目以降が 7 文字分字下げされました。

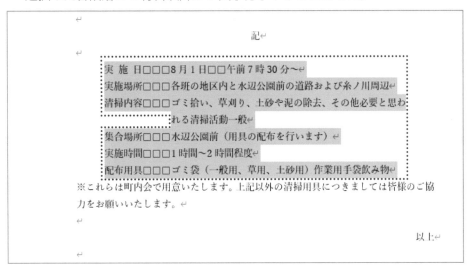

今回、2 行目以降のない段落にまでぶら下げインデントを設定したのは、後で文字を追加して 2 行以上になっても対応できるように考慮したためです。

7 同様の方法で、23 行目から 24 行目までにぶら下げインデント（1 文字分）を設定します。

```
　　　集合場所□□□水辺公園前（用具の配布を行います）↵
　　　実施時間□□□1 時間～2 時間程度↵
　　　配布用具□□□ゴミ袋（一般用、草用、土砂用）作業用手袋飲み物↵
※これらは町内会で用意いたします。上記以外の清掃用具につきましては皆様のご協
　力をお願いいたします。↵
↵
　　　　　　　　　　　　　　　　　　　　　　　　　　　　　　以上↵
↵
```

STEP▶ 段落を区切らずに改行する

1 下図のように "作業用手袋" の直前にカーソルを移動します。

```
　　　集合場所□□□水辺公園前（用具の配布を行います）↵
　　　実施時間□□□1 時間～2 時間程度↵
　　　配布用具□□□ゴミ袋（一般用、草用、土砂用 ｜作業用手袋飲み物↵
※これらは町内会で用意いたします。上記以外の清掃用具につきましては皆様のご協
　力をお願いいたします。↵
↵
　　　　　　　　　　　　　　　　　　　　　　　　　　　　　　以上↵
↵
```

2 Shift + Enter キーを押します。

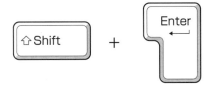

→ 段落を区切らずに改行され、ぶら下げインデントの効果が適用されました。

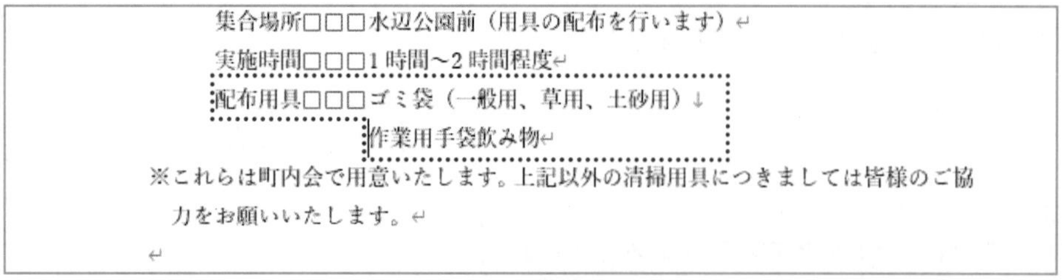

> 集合場所□□□水辺公園前（用具の配布を行います）↵
> 実施時間□□□1時間～2時間程度↵
> 配布用具□□□ゴミ袋（一般用、草用、土砂用）↓
> 　　　　　作業用手袋飲み物↵
> ※これらは町内会で用意いたします。上記以外の清掃用具につきましては皆様のご協
> 　力をお願いいたします。↵
> ↵

3 同様の方法で、下図の位置で段落を区切らずに改行します。

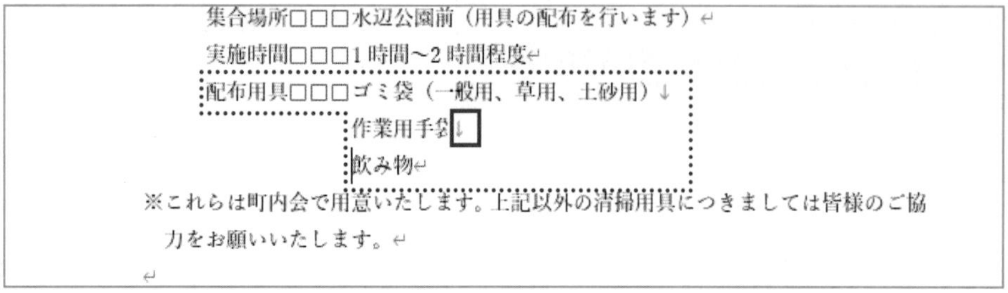

> 集合場所□□□水辺公園前（用具の配布を行います）↵
> 実施時間□□□1時間～2時間程度↵
> 配布用具□□□ゴミ袋（一般用、草用、土砂用）↓
> 　　　　　作業用手袋↓
> 　　　　　飲み物↵
> ※これらは町内会で用意いたします。上記以外の清掃用具につきましては皆様のご協
> 　力をお願いいたします。↵

段落途中の改行の編集記号は↓です。

⏎ OnePoint　Enterキーでのみ改行した場合

Enterキーでのみ改行すると、段落が区切られて次の行から新しい段落になるので、ぶら下げインデントの効果がなくなり、下図のように文字の開始位置が左端になります。

> 配布用具□□□ゴミ袋（一般用、草用、土砂用）↵
> 作業用手袋飲み物↵

STEP ぶら下げインデントの効果を残したまま、段落に左インデントを設定する

1 25行目から26行目までを範囲選択します。

2 ［レイアウト］タブの［左インデント］ボックス内に「4」と入力し、Enterキーを押します。

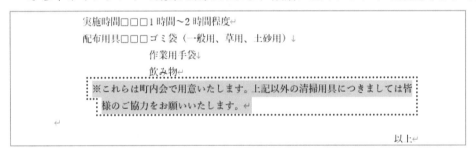

→ ぶら下げインデントの効果を残したまま、段落に左インデントを設定できました。

⟲ OnePoint　各種インデントをルーラーで設定するには

今回は、ボックスに数値を入力してインデントを指定しましたが、ルーラーに表示されているインデントマーカーを右や左にドラッグして、より視覚的にインデントを調整することもできます。
インデントマーカーは、1行目のインデントマーカー、ぶら下げインデントマーカー、左インデントマーカー、右インデントマーカーの4つのマーカーで構成されています。

LESSON 3 | 行間を調整する

行の間隔を広げたり狭めたりして調整することで文章を読みやすくする効果が期待できます。行の間隔を調整するには行間機能を使用します。文書全体はもちろん、特定の範囲の行間だけを指定して変更することもできます。

また、行間を「1.15 行」、「1.5 行」など、小数点を含んだ数値で指定すると、Enter キーで改行して 1 行ずつ広げるより細かく行間を設定することができます。

さらに、行間をより詳細に調整するには固定値という設定方法を使用します。固定値はフォントサイズに行の間隔を足した数字で、1pt 単位で細かく設定できます。

行間 "固定値" の間隔の考え方

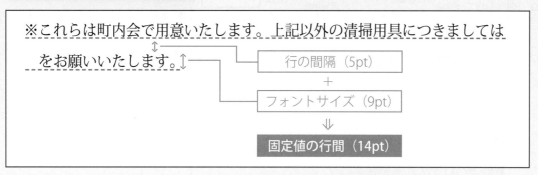

STEP 8 行目から 12 行目に行間（1.15 行）を設定する

1 8 行目から 12 行目までを範囲選択します。

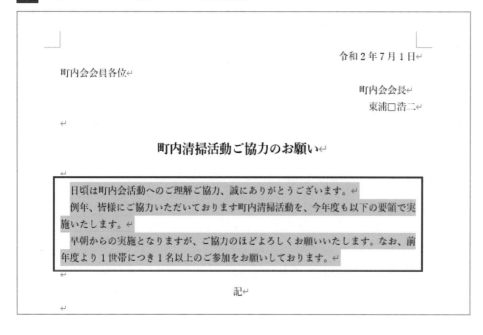

2 ［ホーム］タブの［行と段落の間隔］ボタンをクリックします。

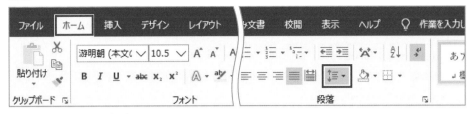

→ 設定できる行間の一覧が表示されます。

3 一覧から［1.5］をクリックします。

→ 8 行目から 12 行目までの行間を 1.5 行に広げることができました。

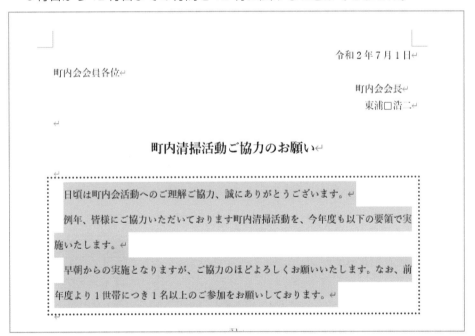

STEP 25行目から26行目のフォントサイズを **9pt**に設定し、行間を**14pt**に設定する

1 25行目から26行目までを範囲選択します。

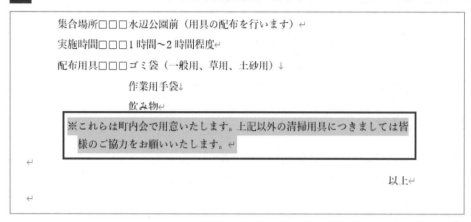

2 ［ホーム］タブの［フォントサイズ］ボックスの ✓ をクリックします。

→ フォントサイズの一覧が表示されます。

3 一覧から［9］をクリックします。

→ 25行目から26行目のフォントサイズを "9pt" に設定できました。

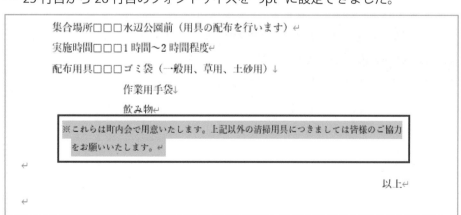

フォントサイズを小さくしたことで、行間が若干広く感じます。
そこで、ここから行間を少し詰める操作を行います。

4 ［ホーム］タブの［行と段落の間隔］ボタンをクリックします。

5 一覧から［行間のオプション］をクリックします。

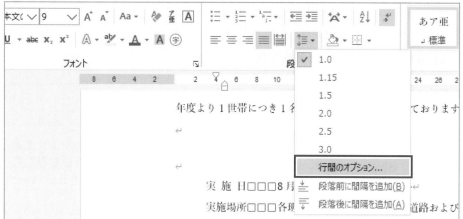

［ホーム］タブの［段落］グループの 🔍 ［段落の設定］をクリックしてもかまいません。

→ ［段落］ダイアログボックスが表示されます。

6 ［インデントと行間隔］タブの［行間］ボックスの ✓ をクリックします。

7 一覧から［固定値］をクリックします。

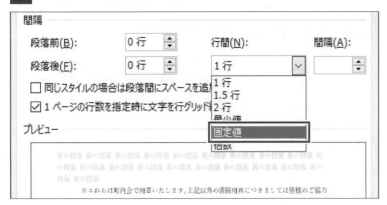

→ 右側の［間隔］ボックスに初期値として "12pt" と表示されます。

8 ［間隔］ボックスの▲をクリックして［14pt］に変更します。

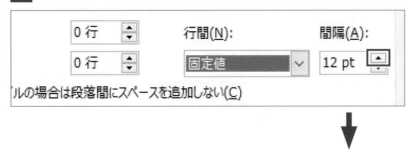

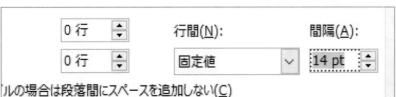

pt はフォントサイズの
単位と同じものです。
1pt は 約 0.353mm で
す。
ここで設定している
"14pt" は、フォントサイ
ズ（9pt）に行の間
隔（5pt）を合わせた
値です。

9 ［OK］をクリックします。

→ 25 行目から 26 行目までの行間を固定値 14pt に設定できました。

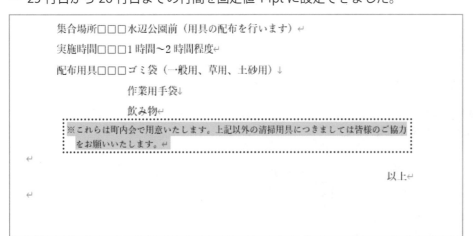

このように固定値を利
用すると、行間を広げ
るだけでなく、狭める
こともできます。

LESSON **4**｜段落前、段落後の間隔を設定する

行間だけでなく、段落の前後の間隔を調整することによって、文書はさらに読みやすくなります。
段落に対して設定を行うと、各行の間隔はそのままで、選択した段落の前または後ろの間隔だ
けを調整できます。段落と段落の間隔を広げることで段落の区切りがはっきりするため、情報
のまとまりが把握しやすくなります。

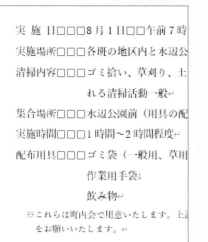

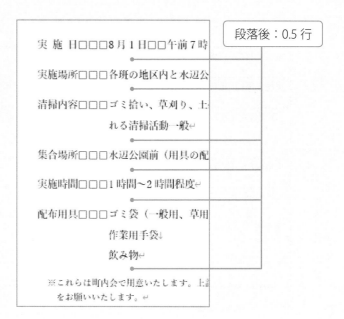

段落後：0.5 行

STEP **16 行目から 24 行目に段落後の間隔（0.5 行）を設定する**

1 16 行目から 24 行目までを範囲選択します。

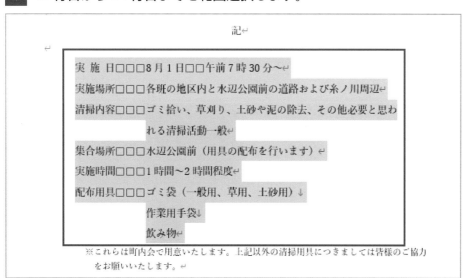

2 ［レイアウト］タブの ［後の間隔］ ボックスの▲をクリックします。

挿入	デザイン	**レイアウト**	参考資料	差し込み文書	校閲	表示	ヘルプ	♀ 作業を入力し

インデント　　間隔
区切り▼
行番号▼
ハイフネーション▼
原稿用紙設定

左：　　　　　前：0 行
右：3 字　　　後：0.5 行

ページ設定　　原稿用紙　　段落　　位置　文

→ 段落後の間隔が 0.5 行分広がりました。

記↵

↵

実　施　日□□□8 月 1 日□□午前 7 時 30 分〜↵

実施場所□□□各班の地区内と水辺公園前の道路および糸ノ川周辺↵

清掃内容□□□ゴミ拾い、草刈り、土砂や泥の除去、その他必要と思わ
　　　　　　れる清掃活動一般↵

集合場所□□□水辺公園前（用具の配布を行います）↵

実施時間□□□1 時間〜2 時間程度↵

配布用具□□□ゴミ袋（一般用、草用、土砂用）↓
　　　　　　作業用手袋↓
　　　　　　飲み物↵

※これらは町内会で用意いたします。上記以外の清掃用具につきましては皆様のご協力
をお願いいたします。↵

↵

以上↵

段落前、段落後の設定
は行間の設定の際に利
用した［段落］ダイア
ログボックスでも行え
ます。

3 文書を上書き保存して閉じます。

3-3 箇条書きを作成する

複数の要点や項目を箇条書きにすると、情報が整理されて文書が見やすくなります。箇条書きの先頭には、番号（段落番号）や記号（行頭文字）を付けることができます。これらを付けることで箇条書きであることが分かりやすくなり、それぞれの項目の区切りも明確になります。

LESSON 1 段落の先頭に番号を追加する

箇条書き先頭に振られた番号を**段落番号**と呼びます。段落番号は、順番や工程を示す際などによく利用されます。いくつか種類が用意されており、その中から選んで設定します。

段落番号は、後で項目を増やしたり、減らしたりしたときにも自動的に番号が振り直されるので、番号の振り間違えがなくなり、修正も効率的に行うことができます。

段落番号
① → 穴子の京風焼き
② → カブの蒸し煮
③ → 湯葉と水菜の和え物
④ → 車海老の焼き物
⑤ → 茗荷と芋の味噌汁
⑥ → 桜海老の酢の物

STEP 9 行目から 13 行目までに段落番号 "①②③…" を設定する

1 文書「Chap3_ 料理教室のご案内」を開きます。

📁 スクール基礎 _Word 2019 ▶ 📁 CHAPTER3 ▶ w 「Chap3_ 料理教室のご案内」

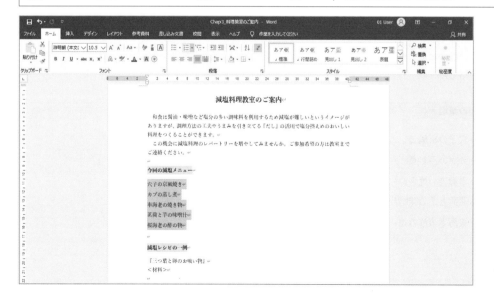

💬
実習用データはインターネットからダウンロードできます。詳細は本書の P.（4）に記載されています。

2 9 行目から 13 行目までを範囲選択します。

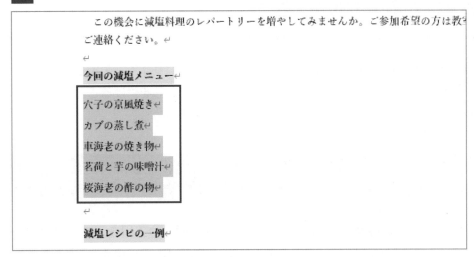

3 ［ホーム］タブの［段落番号］ボタンの▼をクリックします。

→ 番号のスタイルの一覧（番号ライブラリ）が表示されます。

4 一覧から［①②③］のスタイルをクリックします。

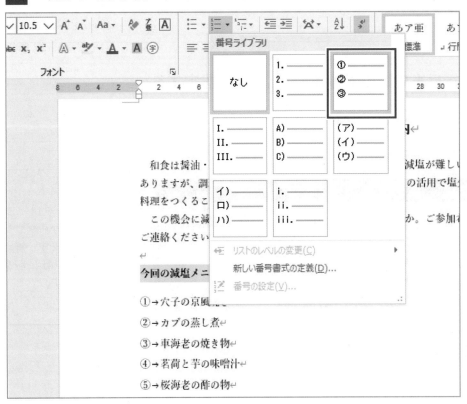

お使いのパソコンによって、左図とは段落番号のスタイルの並び順が異なっていることがありますが、問題はありません。

→ 段落に段落番号 " ①②③…" を設定できました。

段落番号と本文の間には約1文字分の空白（タブ）が挿入されます。画面の設定によってはその空白の位置に" → "が表示されますが、これはタブという編集記号で、印刷はされません。

3

段落の書式を設定する

⤺ **OnePoint**　**段落番号の解除、スタイルの変更をするには**

段落番号を解除したい場合は、対象の段落を選択して、[ホーム] タブの ▤ [段落番号] ボタンをクリックします。また、段落番号を別のスタイルに変更したい場合は、対象の段落を選択して、再度 [段落番号] ボタンの▼をクリックし、別のスタイルを選びます。

STEP ▶ **既存の項目（②と③）の間に項目"湯葉と水菜の和え物"を追加する**

1　**10 行目の末尾にカーソルを移動して、Enter キーを押します。**

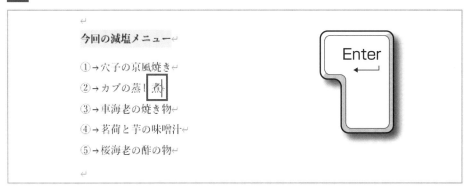

→ 改行に伴って新しく③の段落番号が追加され、それ以降の各項目の段落番号が振り直されます。

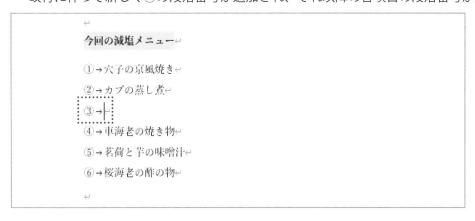

2 「湯葉と水菜の和え物」と入力します。

→ 既存の項目の間に新しい項目を1つ追加できました。

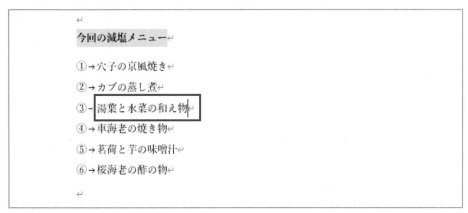

STEP ▶ 既存の項目"カブの蒸し煮"を段落ごと削除する

1 ②の文字列「カブの蒸し煮」を段落記号（↵）も含めて範囲選択します。

2 Delete キーを押します（Backspace キーでもかまいません）。

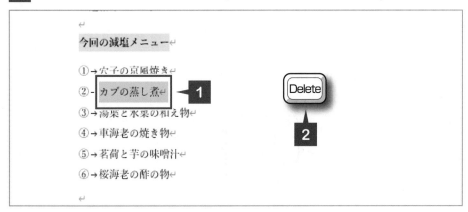

段落記号（↵）を含めないで削除すると、②の段落番号は空白の項目としてそのまま残ります。

→ 既存の項目を削除できました。

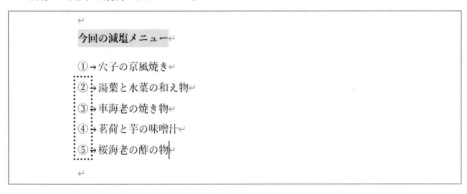

段落番号は自動的に振り直されます。

STEP 箇条書きの最後に項目"三つ葉のお吸い物"を追加する

1 最後の項目の行末にカーソルを移動します。

2 Enter キーを押します。

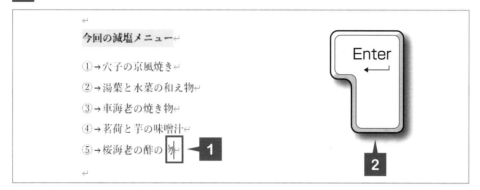

→ 新しく⑥の段落番号が追加されます。

3 「三つ葉のお吸い物」と入力します。

→ 最後に新しい項目を1つ追加できました。

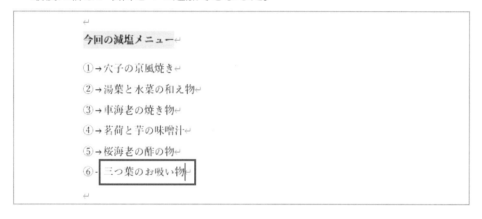

3

段落の書式を設定する

LESSON 2 │ 段落の先頭に記号を追加する

順番や工程の概念が特にない箇条書きの先頭には、番号ではなく記号を使用します。この記号を**行頭文字**と呼びます。行頭文字も段落番号同様にいくつかの種類の中から選ぶことができます。

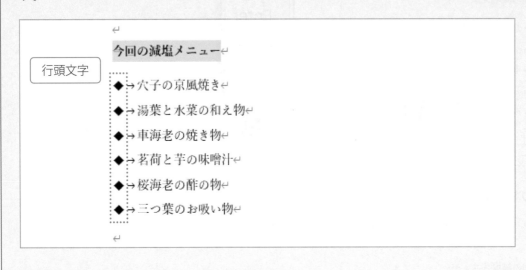

STEP 段落番号を行頭文字"◆"に変更する

1 段落番号を設定した9行目から14行目までを範囲選択します。

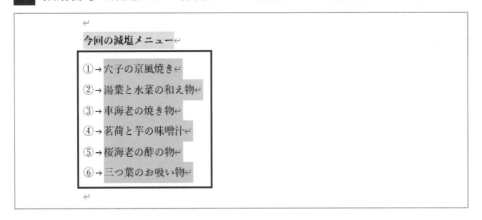

正しく選択しても段落番号の部分は灰色で選択されませんが問題はありません。

2 ［ホーム］タブの［箇条書き］ボタンの▼をクリックします。

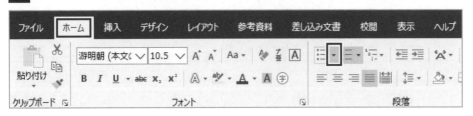

→ 行頭文字のスタイルの一覧（行頭文字ライブラリ）が表示されます。

3 一覧から［◆］をクリックします。

→ 段落番号を行頭文字 " ◆ " に変更できました。

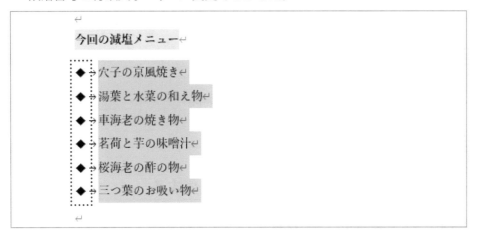

⏎ **OnePoint**　　**行頭文字の解除、スタイルの変更をするには**

行頭文字を解除したい場合は、対象の段落を選択して、［ホーム］タブの ▤ ［行頭文字］ボタンをクリックします。また、行頭文字を別のスタイルに変更したい場合は、対象の段落を選択して、再度［行頭文字］ボタンの▼をクリックし、別のスタイルを選びます。

3

段落の書式を設定する

段落番号、行頭文字の書式（文字のサイズや色などの設定）を変更するときは、まずマウスポインターを段落番号、行頭文字に合わせてクリックします。このように操作すると同じグループの段落番号や行頭文字がまとめて選択されます。その後は通常の文字と同様の方法で書式を設定します。

◆→穴子の京風焼き↵

◆→湯葉と水菜の和え物↵

◆→車海老の焼き物↵

◆→茗荷と芋の味噌汁↵

◆→桜海老の酢の物↵

◆→三つ葉のお吸い物↵

➡

◆→穴子の京風焼き↵

◆→湯葉と水菜の和え物↵

◆→車海老の焼き物↵

◆→茗荷と芋の味噌汁↵

◆→桜海老の酢の物↵

◆→三つ葉のお吸い物↵

> 行頭文字を選択して、フォントの色を変更します。

STEP ▶ 行頭文字のフォントの色を"緑、アクセント 6"に変更する

1 マウスポインターを行頭文字のいずれかに合わせます。

2 その位置でクリックします。

今回の減塩メニュー↵

◆→穴子の京風焼き↵

◆→湯葉と水菜の和え物↵

→ 行頭文字がすべて選択されます。

↵

今回の減塩メニュー↵

◆→穴子の京風焼き↵

◆→湯葉と水菜の和え物↵

◆→車海老の焼き物↵

◆→茗荷と芋の味噌汁↵

◆→桜海老の酢の物↵

◆→三つ葉のお吸い物↵

↵

3 ［ホーム］タブの［フォントの色］ボタンの▼をクリックします。

4 ［テーマの色］の［緑、アクセント 6］をクリックします。

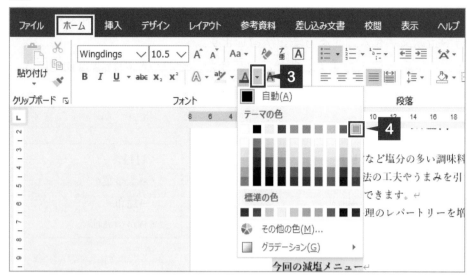

→ 行頭文字のフォントの色を "緑、アクセント 6" に変更できました。

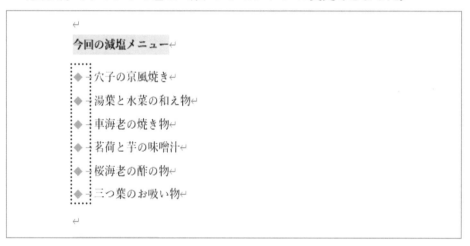

⏎OnePoint　段落番号、行頭文字を設定した段落を範囲選択する際の注意点

段落番号、行頭文字を設定した範囲を選択するときは、下図の🅐、🅑のどちらかの位置にマウスポインターを合わせてクリックやドラッグを行います。

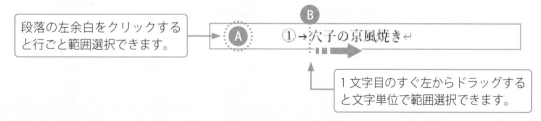

段落番号そのものにマウスポインターを合わせてドラッグすると、範囲選択の操作にはならず、段落番号のインデント位置を変える操作になるため注意が必要です。

LESSON 4 | 段落番号、行頭文字を自動入力する

ここまでは入力済みの段落に段落番号や行頭文字を追加する方法を学習してきましたが、次は文字の入力時に段落番号や行頭文字を入力する方法を学習します。

1つ目の段落番号、行頭文字は自分で入力する必要がありますが、それ以降の行は自動的に入力されていきます。

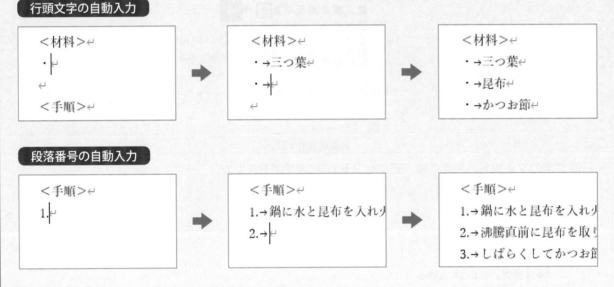

STEP 行頭文字"・（中黒）"を自動入力する

1 19行目に「・」を入力します。

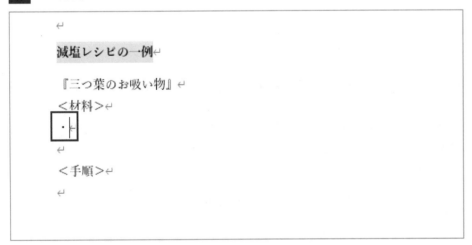

ここでは全角の"・"を行頭文字に利用します。

"・"は以下のキーで入力できます。

2　スペースキーを押して空白文字を1文字入力します。

→　空白文字を入力した時点で"・"が箇条書きの行頭文字として扱われます。

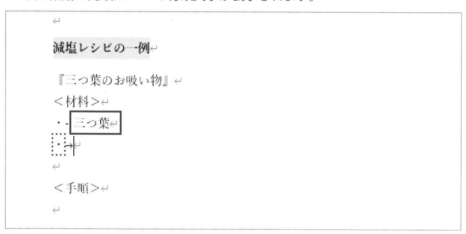

3　「三つ葉」と入力して、Enter キーを押して改行します。

→　次の段落の先頭に"・"の行頭文字が表示されます。

4　同様の方法で、下図のように入力します。

5 最後の項目の行末で Enter キーを押して改行します。

→ この時点では行頭文字が必要のない段落にまで表示されます。

6 再度 Enter キーを押します。

→ 不要な行頭文字が削除されます。

文字を入力しないで Enter キーを押すと、その行の行頭文字が削除されるしくみになっています。

7 Delete キーを押して空白行を 1 行削除します。

→ 行頭文字を自動入力して箇条書きを入力することができました。

・→昆布↵
・→かつお節↵
・→しょうゆ↵
・→酒↵
・→みりん↵
├
＜手順＞↵
↵

STEP 段落番号"1. 2. 3.…"を自動入力する

1 27 行目に半角で「1.」と入力します。

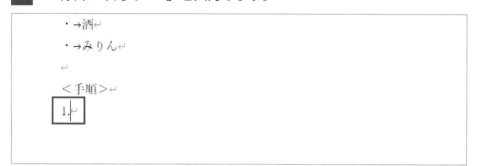

ここでは "1." を段落番号に利用します。

2 スペースキーを押して空白文字を 1 文字入力します。

→ 空白文字を入力した時点で "1." が箇条書きの段落番号として扱われます。

```
　　・→酒↵
　　・→みりん↵
　　↵
　　＜手順＞↵
　1.→│↵
```

3 下図のように入力します。

```
　　・→酒↵
　　・→みりん↵
　　↵
　　＜手順＞↵
　1.→鍋に水と昆布を入れ火にかける│↵
```

4 Enter キーを押して改行します。

→ 次の段落の先頭に "2." の段落番号が表示されます。

```
　　・→酒↵
　　・→みりん↵
　　↵
　　＜手順＞↵
　1.→鍋に水と昆布を入れ火にかける↵
　2.→│↵
```

段
落
の
書
式
を
設
定
す
る

3

5 同様の方法で、下図のように入力します。

→ 段落番号付きの箇条書きを入力することができました。

```
　　・→しょうゆ↵
　　・→酒↵
　　・→みりん↵
　　↵
　　<手順>↵
　1.→鍋に水と昆布を入れ火にかける↵
　2.→沸騰直前に昆布を取り出し、かつお節を入れる↵
　3.→しばらくしてかつお節を取り出す↵
　4.→しょうゆ、酒、みりんで味を調える↵
　5.→三つ葉を入れる↵
```

6 最後の段落で Enter キーを押して改行します。

→ この時点では段落番号が必要のない段落にまで表示されます。

```
　　<手順>↵
　1.→鍋に水と昆布を入れ火にかける↵
　2.→沸騰直前に昆布を取り出し、かつお節を入れる↵
　3.→しばらくしてかつお節を取り出す↵
　4.→しょうゆ、酒、みりんで味を調える↵
　5.→三つ葉を入れる↵
　6.→↵
```

7 再度 Enter キーを押します。

→ 不要な段落番号が削除されます。段落番号を自動入力して箇条書きを入力することができました。

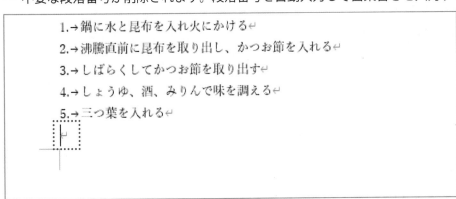

```
　1.→鍋に水と昆布を入れ火にかける↵
　2.→沸騰直前に昆布を取り出し、かつお節を入れる↵
　3.→しばらくしてかつお節を取り出す↵
　4.→しょうゆ、酒、みりんで味を調える↵
　5.→三つ葉を入れる↵
　↵
```

→ 文書が完成しました。

減塩料理教室のご案内

　和食は醤油・味噌など塩分の多い調味料を利用するため減塩が難しいというイメージがありますが、調理方法の工夫やうまみを引き立てる『だし』の活用で塩分控えめのおいしい料理をつくることができます。

　この機会に減塩料理のレパートリーを増やしてみませんか。ご参加希望の方は教室までご連絡ください。

今回の減塩メニュー

◆→穴子の京風焼き
◆→湯葉と水菜の和え物
◆→車海老の焼き物
◆→茗荷と芋の味噌汁
◆→桜海老の酢の物
◆→三つ葉のお吸い物

減塩レシピの一例

『三つ葉のお吸い物』
＜材料＞
・→三つ葉
・→昆布
・→かつお節
・→しょうゆ
・→酒
・→みりん

＜手順＞
1.→鍋に水と昆布を入れ火にかける
2.→沸騰直前に昆布を取り出し、かつお節を入れる
3.→しばらくしてかつお節を取り出す
4.→しょうゆ、酒、みりんで味を調える
5.→三つ葉を入れる

---

8 文書を上書き保存して閉じます。

OnePoint 段落番号、行頭文字として利用できる数字や記号

今回は "1." を段落番号として、"・" を行頭文字として使いましたが、他にも以下のような数字や記号を利用できます。

段落番号に利用できる数値や文字の一例

段落番号			
1)	1) 2) 3) …	(ア)	(ア) (イ) (ウ) …
(1)	(1) (2) (3) …	I.※	I. II. III. …
1-	1- 2- 3- …	a)	a) b) c) …
①	① ② ③ …	(イ)	(イ) (ロ) (ハ) …
一	一 二 三 …	第1章	第1章 第2章 …

※Iは半角でアルファベットのI（アイ）を入力します。

行頭文字に利用できる記号の一例

行頭文字	
●	▲
◆	▼
■	＊
★	-（半角）
◎	＞（半角）

OnePoint 数字が段落番号に変換されるタイミング

段落番号の自動入力には、1つ目の数字をどのように入力するかによって、段落番号に変換されるタイミングに多少の違いがあります。

形式	段落番号に変換されるタイミング
数字の後ろにピリオド **1.**	全角または半角の「1.」に続けて、全角または半角の空白文字を入力した時点。または続けて文字列を入力し、改行した時点。
丸数字 ①	「①」を入力し確定した時点。または続けて文字列を入力し、改行した時点。
数字のみ（半角） 1	半角の「1」に続けて全角の空白文字を入力し、さらに続けて文字列を入力して改行した時点。

※これらは一部の例です。また文書の状態によっては例外的な動作をすることがあります。

⊙OnePoint　変換された段落番号や行頭文字を元に戻したい場合

数字や記号が、段落番号や行頭文字に変換されたときに表示される ⑦［オートコレクト のオプション］をクリックして［元に戻す］をクリックすると、変換をキャンセルできます（クイックアクセスツールバーの［元に戻す］ボタンや Ctrl + Z キーを押しても可能です）。

⊙OnePoint　段落番号や行頭文字の自動入力が機能しない場合

段落番号や行頭文字の自動入力を実行するためには、［オートコレクト］ダイアログボックスの［入力オートフォーマット］タブの設定が以下のようになっている必要があります。

［オートコレクト］ダイアログボックスを表示するには、［ファイル］タブの［オプション］をクリックし、［Word のオプション］ダイアログボックスを表示します。左側の一覧の［文章校正］をクリックして、［オートコレクトのオプション］をクリックします。

【章末練習問題 1】防災設備点検のお知らせ

📁 スクール基礎 _Word 2019 ▶ 📁 CHAPTER3 ▶ 📁 章末練習問題 ▶ Ⓦ 「Chap3_ 防災設備点検のお知らせ」

1. 文書「Chap3_ 防災設備点検のお知らせ」を開きましょう。

   ※ CHAPTER2 の章末練習問題で作成した文書を使用してもかまいません。

2. 1 行目、5 行目、6 行目の段落を " 右揃え " に設定しましょう。

3. 8 行目の段落を " 中央揃え " に設定しましょう。

4. 21 行目の文字列 " 連絡先 " に 4 文字の均等割り付けを設定しましょう。

5. 20 〜 21 行目の段落に " 左インデント：9 字 " を設定しましょう。

6. 5 行目の段落に " 右インデント：2 字 " を設定しましょう。

7. 23 行目を " 中央揃え " に設定しましょう。

8. 25 〜 27 行目の段落に " 左インデント：3.5 字 " を設定しましょう。

9. 文書を上書き保存して閉じましょう。

<完成例>

令和2年2月17日

各地区公民館長殿

藤野町生涯学習課
課長□中野□弘司

防災設備点検のお知らせ

拝啓□余寒の候、ますます御健勝のこととお慶び申し上げます。日頃は公民館業務にご尽力いただきありがとうございます。

さて、下記日程にて公民館点検を実施いたします。

つきましては、ご多用とは存じますが、該当時間帯に必ずご在館くださいますよう、ご協力をお願い申し上げます。

都合の悪い場合は、実施2日前までにお電話にてご連絡ください。

敬具

記

点検期間□□□3月12日～3月14日
連 絡 先□□□生涯学習課□担当：小島□電話：66-7777

◆点検日程表◆

所要時間は約1時間です。
点検箇所は玄関・事務所・ホール・調理室・和室・資料室・トイレ・流し・廊下です。
恐れ入りますが、各所の事前清掃をお願いいたします。

以上

【章末練習問題 2】クッキングサークル案内状

📁 スクール基礎_Word 2019 ▶ 📁 CHAPTER3 ▶ 📁 章末練習問題 ▶ W 「Chap3_ クッキングサークル案内状」

1 文書「Chap3_ クッキングサークル案内状」を開きましょう。
　※ CHAPTER2 の章末練習問題で作成した文書を使用してもかまいません。

2 1 行目、3 ～ 5 行目の段落を " 右揃え " に設定しましょう。

3 2 行目の文字列 " 会員各位 " に 5 文字分の均等割り付けを設定しましょう。
　※範囲選択に段落記号（↵）が含まれないように操作しましょう。

4 3 行目の段落に " 右インデント：1 字 " を設定しましょう。

5 4 行目の段落に " 右インデント：4 字 " を設定しましょう。

6 7 行目の段落を " 中央揃え " に設定しましょう。

7 9 ～ 11 行目の段落に " 行間：1.15 行 " に設定しましょう。

8 14 ～ 17 行目の段落に " 段落後：0.5 行 " を設定しましょう。

9 14 ～ 17 行目の段落に " 左インデント：7 字 " を設定しましょう。

10 14 ～ 17 行目の段落に " ぶら下げインデント：5 字 " を設定しましょう。

11 15 行目の文字列 "A 棟 1 階 " と " クッキングルーム " の間で段落を区切らずに改行しましょう。

12 23 行目と 25 行目の段落の先頭に行頭文字 " ● " を設定しましょう。
　※間にある 24 行目（空白行）も範囲選択に含めて一度に設定できます。

13 23 行目と 25 行目の段落の行頭文字 " ● " のフォントの色を " オレンジ、アクセント 2" に変更しましょう。

14 文書を上書き保存して閉じましょう。

＜完成例＞

2020 年 9 月 9 日↵

会員各位↵

クッキングサークル↵
フィオーレ↵
代表□山田□光子↵

↵

パン・お菓子づくり講座のご案内↵

↵

　10 月の料理教室は「手軽に作れるパン・お菓子」と題して、地元の小麦を使ったパンと家庭で簡単に作れるお菓子を紹介します。↵
　皆様お誘いあわせのうえ、ご参加くださいませ。↵

↵

↵

　　　　　　開催日時：10 月 9 日□午後 2 時～午後 4 時↵

　　　　　　会□□場：サンスクエアガーデン西棟 1 階↓
　　　　　　　　　　　クッキングルーム↵

　　　　　　定□□員：10 名↵

　　　　　　申込方法：事務局まで直接お電話にてお申し込み↵

↵

↵

内容↵

↵

●→**地元の小麦で作る無添加パン**□参加費※：~~1,500 円~~→**1,000 円**↵

↵

●→**簡単クッキーとケーキ**□□□□参加費：~~1,000 円~~→**700 円**↵

↵

※参加費は材料費込みの金額です。↵
↵

【章末練習問題 3】青葉山登山のお誘い

📁 スクール基礎 _Word 2019 ▶ 📁 CHAPTER3 ▶ 📁 章末練習問題 ▶ ⓦ「Chap3_ 青葉山登山のお誘い」

1. 文書「Chap3_ 青葉山登山のお誘い」を開きましょう。
   ※ CHAPTER2 の章末練習問題で作成した文書を使用してもかまいません。

2. 16 行目の " 臨時バス時刻表 " の段落を " 中央揃え " に設定しましょう。

3. 18 〜 19 行目の "《主催》松野市観光協会 " 〜 "《協力》青葉山同好会 " の段落を " 右揃え " に設定しましょう。

4. 4 〜 9 行目の段落に "1 行目のインデント：1 字 " を設定しましょう。

5. 11 〜 13 行目の段落に " ぶら下げインデント：6 字 " を設定しましょう。

6. 11 行目の文字列 "9 月 10 日（日）" の後ろで段落を区切らずに改行しましょう。

7. "《主催》松野市観光協会 " 〜 "《協力》青葉山同好会 " の段落に " 行間　固定値：13pt" を設定しましょう。

8. 21 行目の "山登りを楽しもう！" の段落を "右揃え" に設定し、"段落前：1.5 行" を設定しましょう。

9. 文書を上書き保存して閉じましょう。

＜完成例＞

9月10日は青葉山の日
（あおばやま）

～青葉山に登って自然を満喫しよう！～

標高910m、ブナやカエデの原生林が広がる青葉山は、四季折々に様々な表情が楽しめる美しい山です。登山道はなだらかで、山頂までの景色を楽しみながらのんびりと登ることができます。標高にちなみ、9月10日は青葉山の日になっています。この日に青葉山登山を楽しみませんか？

登頂された方には登頂証明書を授与いたします。また、山頂では軽食のサービスや記念グッズの配布も予定しております。

【実施日】□9月10日（日）
午前8時～午後4時の間は登山口と山頂にボランティアガイドが待機します。初心者の方や不安な方はボランティアガイドと一緒に登れます。当日は、駅⇔登山口間を臨時バスが運行します。

臨時バス時刻表

登山口には駐車場もございます。

《主催》松野市観光協会
《協力》青葉山同好会

山登りを楽しもう！

4

文書に表を挿入する

ここでは、文書に表を挿入する操作を学習します。
情報を表にまとめると、より分かりやすく伝えることができます。
また、印刷して配布する文書では記入欄としても表がよく用いられます。
表に使用している罫線は、表の形になっていない段落の周囲にも引くことができます。ここでは段落に対する罫線についても学習します。

4-1 表を挿入する

情報をまとめて分かりやすく表現したいときや、手書きで記入してもらう欄を設けたいときなどには表を使用します。ここでは Word で表を挿入する方法を学習しましょう。

LESSON 1 | 基本となる表を挿入する

表は、水平方向の行と、垂直方向の列で構成されています。行と列を仕切る線を**罫線**、その罫線で囲まれたマス目を**セル**と呼びます。

Word における表の構成要素

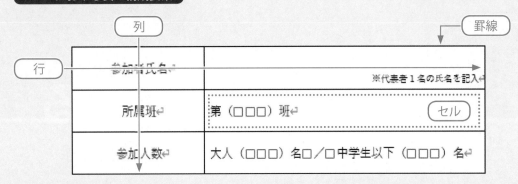

Word で表を挿入するときは、まず必要と思われる行数と列数を指定して、大まかな基本（下地）となる表を作成します。手書きするときのような 1 本ずつ線を引くイメージとは異なり、基本となる表を作ってから形を整えていくという流れになります。

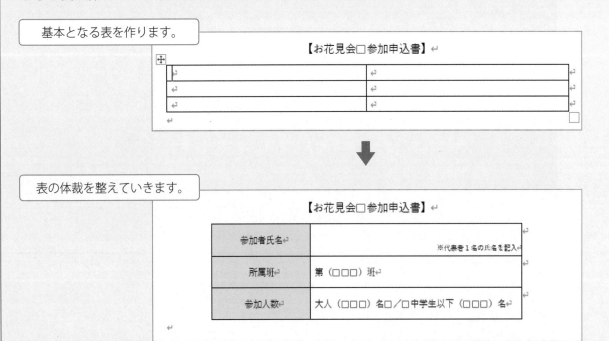

STEP　3行2列の表を挿入する

1　CHAPTER1～3で作成した文書「お花見会のお知らせ」を開きます。

📁 スクール基礎_Word 2019 ▶ 📁 CHAPTER1 ▶ W「お花見会のお知らせ」

💬 文書がない場合は、「Chap4_お花見会のお知らせ」を開いてください。

2　表を挿入したい位置（26行目）にカーソルを移動します。

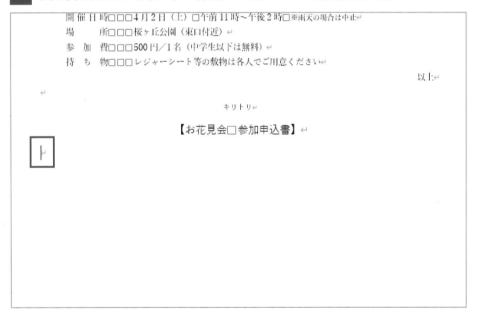

3　［挿入］タブの［表］ボタンをクリックします。

→ 表の行数と列数を指定するためのセルが表示されます。

4 *"3行2列"* の表となるようマウスポインターを合わせてクリックします。

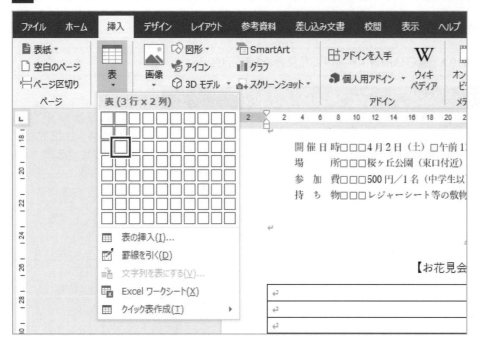

マウスポインターを合わせた時点で、文書上に表のプレビューが表示され、確定後の表の形が確認できます。

→ カーソルの位置に3行2列の表を挿入できました。

開 催 日 時□□□4月2日（土）□午前11時～午後2時□※雨天の場合は中止↵
場　　所□□□桜ヶ丘公園（東口付近）↵
参 加 費□□□500円／1名（中学生以下は無料）↵
持 ち 物□□□レジャーシート等の敷物は各人でご用意ください↵

　　　　　　　　　　　　　　　　　　　　　　　　　　　　　　以上↵

キリトリ↵

【お花見会□参加申込書】↵

↵	↵
↵	↵
↵	↵

OnePoint　表を編集するためのタブ

表内にカーソルがあるときや、表内を選択しているときには、[表ツール] の [デザイン] と [レイアウト] というタブが表示されます（表以外の位置を選択すると非表示になります）。

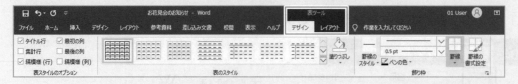

これは、表に対してさまざまな設定ができるボタンなどがあるリボンを表示するための *"表のためのタブ"* です。このように、必要な場合にのみ表示されるタブを *"コンテキストタブ"* と呼びます。

LESSON 2 | 表内に文字を入力する

表内への文字入力も、通常の文字入力の操作とほとんど変わりません。少し違うのは、1つのセルへの入力が終わったら、次のセルへカーソルを移動する必要があるという点です。
このカーソルの移動は、マウスによるクリック操作、方向キー（←↑↓→）やTabキーで行えます。

STEP　表のセルに文字を入力する

1　表の左上端のセル（1行目1列目）内にカーソルがあることを確認します。

2　「参加者氏名」と入力します。

3　次に入力したいセル内をクリックするか、↓キーを押してカーソルを移動します。

Enterキーでは下のセルへ移動できません。セル内で改行されます（P.152のOnePoint参照）。

4　下図のように、残りのセル内へ文字を入力します。

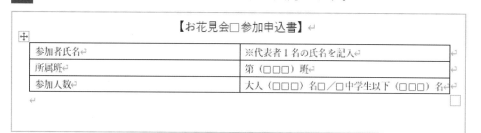

□は空白文字を表す編集記号です。

⊖ **OnePoint** **セル内で不要な改行をしてしまった場合**

セル内で Enter キーを押すと、その位置で改行され、セル（行）の高さが広がってしまいます。この場合は、Backspace キーを押して改行を削除します。改行が削除されるとセル（行）の高さも戻ります。

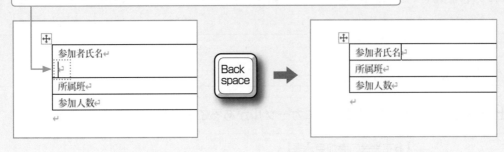

STEP 表内の文字に書式を設定する

1 表の１行目の左余白にマウスポインターを合わせます。

【お花見会□参加申込書】

参加者氏名	※代表者１名の氏名を記入
所属班	第（□□□）班
参加人数	大人（□□□）名□／□中学生以下（□□□）

=

表を行単位で範囲選択するときは、表の左側の余白にマウスポインターを合わせてクリックやドラッグを行います。これは通常の行を範囲選択するときと同じ操作です。

→ マウスポインターの形が ⇗ に変わります。

2 表の３行目の位置まで、下方向にドラッグします。

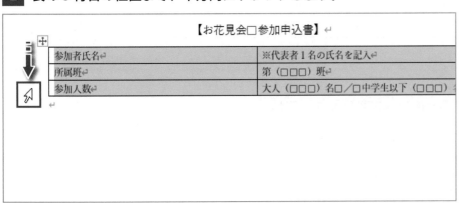

3 ［ホーム］タブの［フォント］ボックスの ☑ をクリックします。

4 一覧から［游ゴシック］をクリックします。

→ 表内のフォントを変更できました。

【お花見会□参加申込書】	
参加者氏名	※代表者１名の氏名を記入
所属班	第（□□□）班
参加人数	大人（□□□）名□／□中学生以下（□□□）名

左図は選択を解除した
状態です。

5 表の右上端のセル（1行目2列目）内の文字列を範囲選択します。

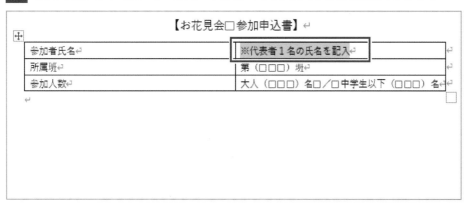

セル内の文字列を範囲
選択するときは、文字
列をドラッグします。
これは通常の文字列を
範囲選択するときと同
じ操作です。

4

文書に表を挿入する

6 ［ホーム］タブの［フォントサイズ］ボックスの ☑ をクリックします。

7 一覧から［8］をクリックします。

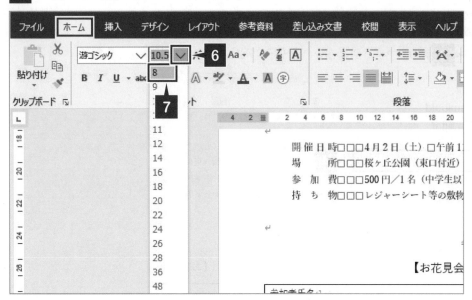

→ 表の右上端のセル内のフォントサイズを 8pt に変更できました。。

【お花見会□参加申込書】↵

参加者氏名↵	※代表者1名の氏名を記入↵	↵
所属班↵	第（□□□）班↵	↵
参加人数↵	大人（□□□）名□／□中学生以下（□□□）名↵	↵

↵

🗩 左図は選択を解除した状態です。

4-2 表の体裁を整える

表を挿入して文字を入力しただけでは、自分の考えている完成形と異なる部分も多いと思います。ここでは、表の体裁を整えていきます。

LESSON 1 | 列の幅、行の高さを変更する

列の幅や行の高さを変更する方法はいくつかありますが、ここでは初めにマウスによるドラッグ操作を学習します。マウスポインターを合わせる位置とマウスポインターの形に注目して操作を進めてください。

また、列の幅や行の高さを正確に指定したいときに役立つ、数値による指定も行います。

おおまかな調整で良い場合はドラッグ操作を、正確な調整をしたいときは数値による指定をというように状況に合わせて使い分けるようにします。

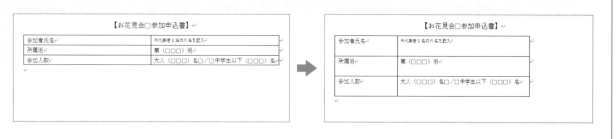

STEP　表の1列目の幅を調整する

1　1列目と2列目の境界線にマウスポインターを合わせます。

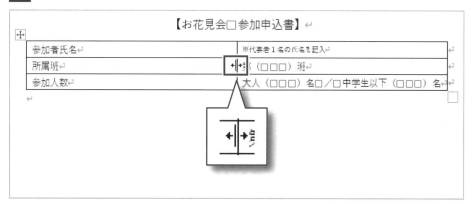

列の幅を変えるときは、垂直方向の罫線にマウスポインターを合わせるようにします。

→　マウスポインターの形が ‖ に変わります。

2 境界線から左方向へドラッグします。

3 下図の位置まできたらドラッグを終了します。

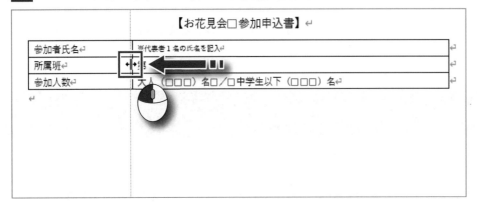

→ 列の幅を変更できました。

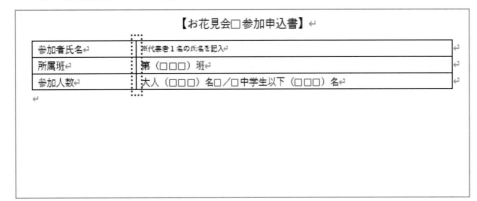

その他に、列の境界線にマウスポインターを合わせてダブルクリックし、列の幅を自動調整することもできます。自動調整の基準となるのは列内で最も長い文字列の幅です。

⊙ OnePoint　行の高さをドラッグ操作で変更するには

行の高さを変えるときは、水平方向の罫線にマウスポインターを合わせて上下にドラッグします。ただし、行内の文字が表示できなくなるほど極端に狭くすることはできません。

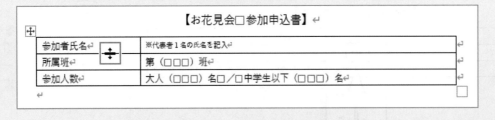

STEP 2列目の列の幅を数値（90mm）で指定する

1 表の2列目の任意のセル内にカーソルを移動します。

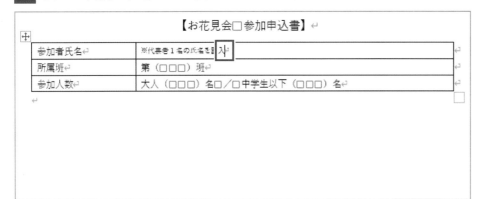

💬 2列目であれば、どのセルにカーソルを移動してもかまいません。

2 ［表ツール］の［レイアウト］タブの［幅］ボックス内をクリックします。

→ ボックス内の数値が青色で選択されます。

3 ボックス内に「90」と入力して、Enterキーを押します。

→ 2列目の幅を90mmに変更できました。

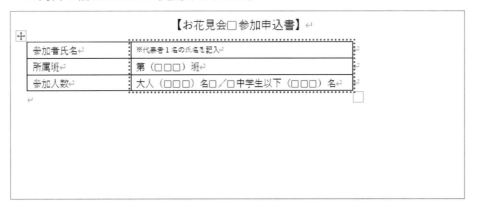

STEP 1 行目から 3 行目までの行の高さを数値（13mm）で指定する

1 表の 1 行目から 3 行目までを範囲選択します。

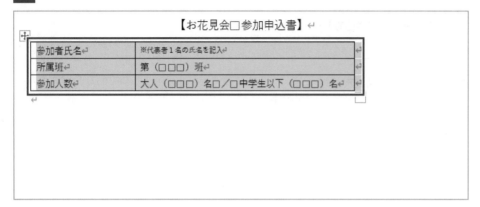

2 ［表ツール］の［レイアウト］タブの［高さ］ボックス内をクリックします。

→ ボックス内の数値が青色で選択されます。

3 ボックス内に「13」と入力して、Enter キーを押します。

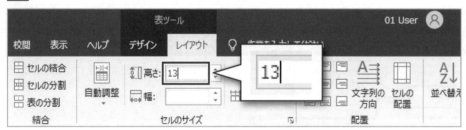

→ 1 行目から 3 行目までの行の高さを 13mm に変更できました。

【お花見会□参加申込書】

参加者氏名	※代表者1名の氏名を記入
所属班	第（□□□）班
参加人数	大人（□□□）名□／□中学生以下（□□□）名

左図は選択を解除した
状態です。

LESSON 2 | セル内の文字列の配置を調整する

表の行の高さを変更したことで、セル内の文字列が上側に偏って、下半分が空いた状態になってしまいます。これではあまり見栄えがよくありません。
そこで、セル内の文字列の配置を調整します。

初期状態では、すべてのセル内の文字列が左上に揃えられています。

セル内の文字の配置をそれぞれのセルごとに変更します。

STEP 表の1列目の文字列をセル内の中央に配置する

1 表の左上端のセルから下方向へドラッグして、1列目のセルを範囲選択します。

2 [表ツール] の [レイアウト] タブの [中央揃え] ボタンをクリックします。

→ セル内の文字列がセルの左右上下の中央に配置されました。

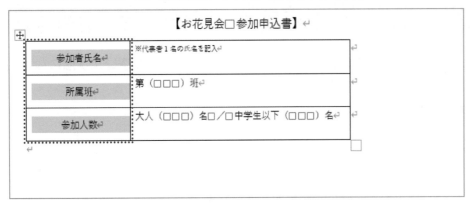

STEP **表の2列目の文字列の配置を変更する**

1 表の右上端のセル内にカーソルを移動します。

2 ［表ツール］の［レイアウト］タブの［下揃え（右）］ボタンをクリックします。

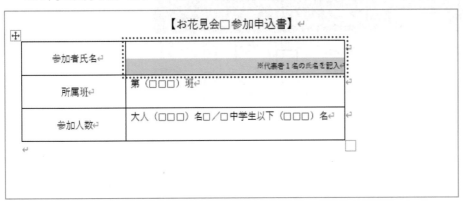

→ セル内の文字列がセルの下揃え、右揃えに配置されました。

3 表の 2 列目の 2 行目のセルと 3 行目のセルを範囲選択します。

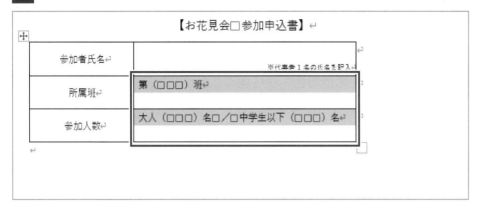

4 ［表ツール］の［レイアウト］タブの［両端揃え（中央)］ボタンをクリックします。

→ セル内の文字列が、セルの上下中央、左揃えに配置されました。

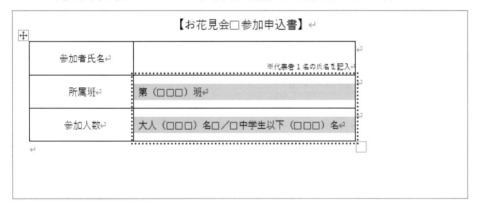

LESSON 3 | セルの背景に色を設定する

塗りつぶしという設定をすることで、セルの背景に色を付けることができます。
色は［テーマの色］と［標準の色］と［その他の色］から選ぶことができますが、今回は［テーマの色］から薄い灰色を設定します。背景の色には文字が読みづらくならないものを選ぶようにします。

STEP 表の1列目のセルに塗りつぶし（薄い灰色）の色を設定する

1 表の1列目のセルを範囲選択します。

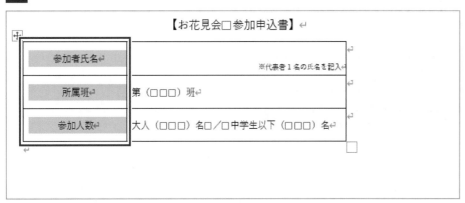

2 ［表ツール］の［デザイン］タブの［塗りつぶし］ボタンの▼をクリックします。

3 ［テーマの色］の［白、背景 1、黒 + 基本色 15%］をクリックします。

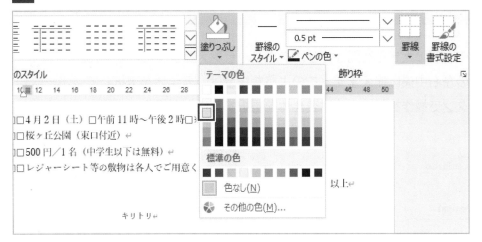

→ セルに塗りつぶし（薄い灰色）を設定できました。

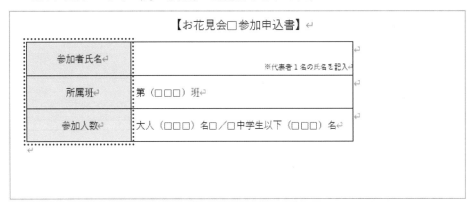

💬 範囲選択を解除すると
塗りつぶしの状態がよ
く分かります。

🔙 OnePoint　**塗りつぶしを解除するには**

....

塗りつぶしを解除するには、［表ツール］の［デザイン］タブの［塗りつぶし］ボタンの▼をクリックし、
［色なし］をクリックします。

LESSON 4 | 表全体を中央揃えにする

現時点では、文書の表の右側に大きな空間があり、あまりバランスがよくありません。
そこで、表全体を文書の左右中央に揃えます。このような場合は、表全体を選択して［ホーム］
タブの［中央揃え］ボタンで操作を行います。表全体を選択することが操作のポイントです。

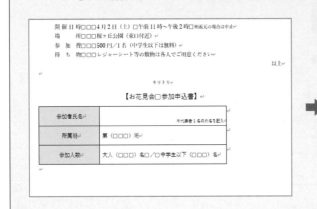

STEP 表全体を文書の中央揃えにする

1 表内の任意の位置にマウスポインターを合わせます。

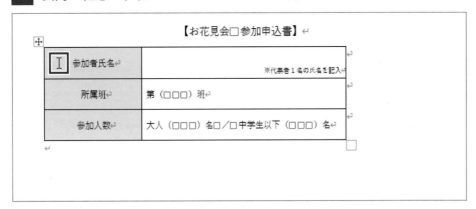

表内であればどこでも
かまいません。

→ 表の左上にハンドル（⊞）が表示されます。

2 ハンドル（⊞）をクリックします。

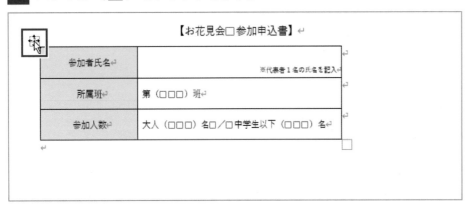

→ 表全体が選択されます。表を中央に揃えるときは表全体の選択が必要です。

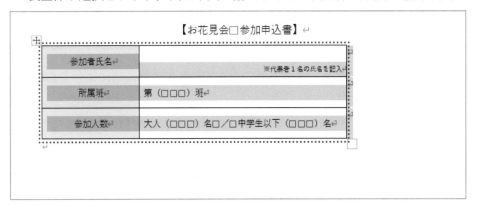

3 ［ホーム］タブの［中央揃え］ボタンをクリックします。

→ 表全体を中央に揃えられました。

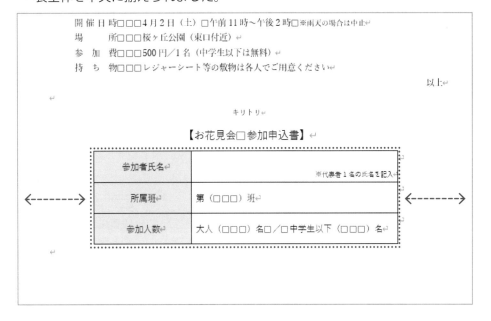

⊕ One Point　**表を削除するには**

表を削除するには、表全体を選択して Backspace キーを押します。ただし、罫線を残して表内の文字列
だけを削除したい場合は、表全体を選択して Delete キーを押します。

4-3 段落に罫線を引く

罫線は、表だけでなく、文字列や段落の周囲にも引くことができます。ここでは段落に対して罫線を引く操作を行います。

LESSON 1 段落の下側に罫線を引く

段落罫線は、段落を1つの枠に見立て、その枠の上下左右の4方向を罫線を引く対象として指定できます。そのため、段落をすべて囲むように罫線を引くこともできれば、1方向だけに絞って引くこともできます。たとえば段落の下側に罫線（下罫線）を引くと、行の横幅いっぱいに罫線が引かれた"区切り線"や"切り取り線"として利用することもできます。

STEP 文字列の下に段落罫線を引く

1 下側に罫線を引きたい段落（"キリトリ"の行）を範囲選択します。

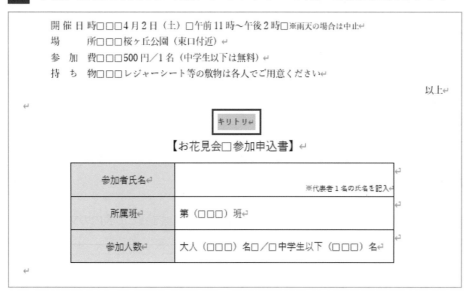

段落に対する罫線を引くときは必ず段落記号（↵）も含めて範囲選択します。

2　[ホーム] タブの [罫線] ボタンの▼をクリックします。

→ 罫線の一覧が表示されます。

3　一覧から [下罫線] をクリックします。

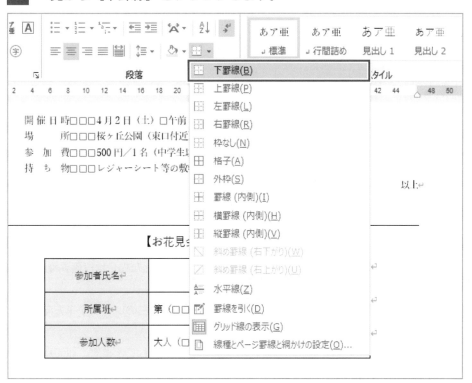

→ 選択した段落の下側に罫線が引けました。

OnePoint 段落罫線を解除するには

段落罫線を解除するには、段落記号（↵）も含めて対象の段落を範囲選択し、［ホーム］タブの［罫線］ボタンの▼をクリックして、罫線の一覧から［枠なし］をクリックします。

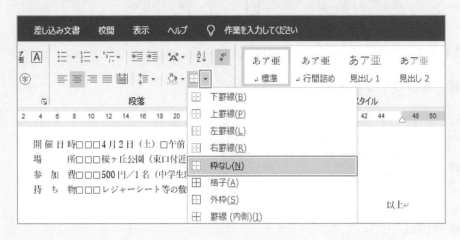

OnePoint 段落罫線と文字列の罫線の違い

罫線は段落に対してだけでなく、文字列に対しても引くことができます。

設定には同じ［罫線］ボタンを使用しますが、段落記号（↵）を含んで範囲選択した場合は段落罫線が、含まず範囲選択した場合は文字列に対する罫線がそれぞれ設定されます。

文字列に対する罫線には、“引かれる罫線の長さは文字列の長さまで”、“上下左右のいずれか1方向だけには引けない”など、段落罫線とは異なる特徴があります。

なお、文字列に対する罫線は［ホーム］タブの Ⓐ［囲み線］ボタンで引くこともできます。［囲み線］ボタンを使用した場合は、選択範囲に段落記号（↵）を含んでいても行ごとに囲まれた罫線が引かれます。

［罫線］ボタンの［外枠］を使用

| 開 催 日 時□□□4月2日（土）□午前11 |
| 場　　　　所□□□桜ヶ丘公園（東口付近）↵ |
| 参　加　費□□□500円／1名（中学生以下 |
| 持　ち　物□□□レジャーシート等の敷物 |

［囲み線］ボタンを使用

| 開 催 日 時□□□4月2日（土）□午前 |
| 場　　　　所□□□桜ヶ丘公園（東口付 |
| 参　加　費□□□500円／1名（中学生 |

4-4 文書を印刷する

完成した文書は**印刷**することができます（印刷をするにはパソコンに正しくプリンターが接続されている必要があります）。ここでは CHAPTER1 ～ 4 にかけて完成させた文書「お花見会のお知らせ」を印刷してみましょう。

LESSON 1 ｜ 印刷プレビューを表示する

文書を印刷する前には**印刷プレビュー**による確認が欠かせません。印刷プレビューとは印刷結果を画面上で事前に確認できる機能です。
印刷プレビューでは、たとえば以下のようなミスがないかを確認します。
・想定していたページ数を超えていないか
・書式の設定を忘れている箇所はないか
・全体的なバランスは整っているか

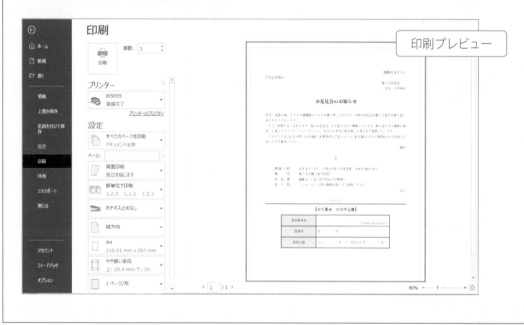

印刷プレビュー

STEP 印刷プレビューを表示する

1 ［ファイル］タブをクリックします。

2 ［印刷］をクリックします。

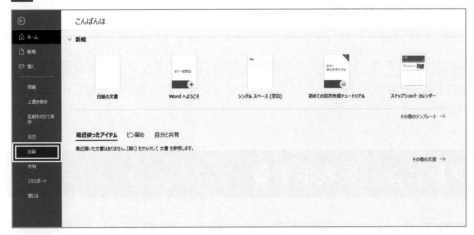

→ 印刷プレビューが表示できました。

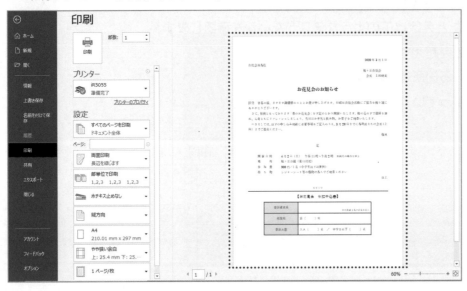

 One Point 印刷プレビューを閉じるには

印刷プレビューの確認後、印刷プレビューを閉じて文書の編集に戻るには、画面左上の ⊙ をクリックします。

なお、画面右上の閉じるボタンをクリックすると、文書そのものが閉じられてしまうので注意が必要です。

LESSON **2** 印刷を実行する

印刷プレビューを確認して問題がなければ印刷を実行します。印刷する用紙のサイズは、CHAPTER1 で学習した "ページ設定" で設定した用紙サイズとなります。今回の文書は初期設定である A4 サイズで文書を作成しているため、プリンターには A4 サイズの用紙を準備します。

STEP 印刷を実行する

1 ［部数］ボックスに "1" と表示されていることを確認します。

2 ［プリンター］に印刷に使用するプリンター名が表示されていることを確認します。

💬 2 部以上印刷したいときは、［部数］ボックスに数値を入力します。

💬 使用するプリンターを切り替えたいときは［プリンター］をクリックして、使用したいプリンター名をクリックします。

3 ［印刷］をクリックします。

4

文書に表を挿入する

→ 文書を印刷できました。

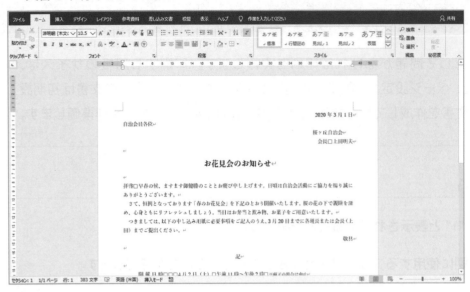

4 文書を上書き保存して閉じます。

学習の まとめ | CHAPTER **4** 章末練習問題

【章末練習問題 1】防災設備点検のお知らせ

📁 スクール基礎_Word 2019 ▶ 📁 CHAPTER4 ▶ 📁 章末練習問題 ▶ W 「Chap4_ 防災設備点検のお知らせ」

1 文書「Chap4_ 防災設備点検のお知らせ」を開きましょう。

※ CHAPTER3 の章末練習問題で作成した文書を使用してもかまいません。

2 24 行目に 4 行× 3 列の表を挿入しましょう。

3 完成例を参考に、表内に文字列を入力しましょう。

・「〃」は「おなじ」と入力して変換します。

4 完成例を参考に、各列の幅をドラッグ操作で調整しましょう（完成例とまったく同じ幅でなくてもかまいません。）

5 表内のすべての行の高さを "8mm" に設定しましょう。

6 完成例を参考に、セル内の文字列の配置を設定しましょう。

7 表の 1 行目のセルに " 白、背景 1、黒 + 基本色 15%" の塗りつぶしを設定しましょう。

8 表全体（表そのもの）を " 中央揃え " に設定しましょう。

9 文書の印刷プレビューを確認しましょう。実際に印刷は行わず、確認が済んだら印刷プレビューを閉じましょう（実際の印刷は CHAPTER5 の章末練習問題で行います）。

10 文書を上書き保存して閉じましょう。

＜完成例＞

令和2年2月17日

各地区公民館長殿

藤野町生涯学習課
課長□中野□弘司

防災設備点検のお知らせ

拝啓□余寒の候、ますます御健勝のこととお慶び申し上げます。日頃は公民館業務にご尽力いただきありがとうございます。

　さて、下記日程にて公民館点検を実施いたします。

　つきましては、ご多用とは存じますが、該当時間帯に必ずご在館くださいますよう、ご協力をお願い申し上げます。

　都合の悪い場合は、実施2日前までにお電話にてご連絡ください。

敬具

記

点検期間□□□3月12日～3月14日
連 絡 先□□□生涯学習課□担当：小島□電話：66-7777

◆点検日程表◆

場□所	実施日	予定時間
西地区公民館	3月13日（木）	15:00～16:00
東地区公民館	〃	13:30～14:30
北地区公民館	3月12日（水）	10:00～11:00

　所要時間は約1時間です。

　点検箇所は玄関・事務所・ホール・調理室・和室・資料室・トイレ・流し・廊下です。

　恐れ入りますが、各所の事前清掃をお願いいたします。

以上

【章末練習問題 2】青葉山登山のお誘い

📁 スクール基礎_Word 2019 ▶ 📁 CHAPTER4 ▶ 📁 章末練習問題 ▶ w 「Chap4_青葉山登山のお誘い」

1. 文書「Chap4_青葉山登山のお誘い」を開きましょう。
   ※ CHAPTER3 の章末練習問題で作成した文書を使用してもかまいません。
2. 18 行目に 5 行 4 列の表を挿入しましょう。
3. 表のすべての列の幅を "35mm" に設定して、表全体を " 中央揃え " に設定しましょう。また
   その表と位置を合わせるように、" 登山口には駐車場もございます " の段落に " 左インデント：
   1.5 字 " を設定しましょう。
4. 完成例を参考に、表内に文字列を入力しましょう。
5. 表内のすべての文字列のフォントを " 游ゴシック " に変更しましょう。
6. 完成例を参考に、セル内の文字列の配置を設定しましょう。
7. 表の 1 行目のセルに " 緑、アクセント 6、白 + 基本色 60%" の塗りつぶしを設定しましょう。
8. 17 行目の " 臨時バス時刻表 " の段落の上側に段落罫線を設定しましょう。
9. 文書の印刷プレビューを確認しましょう。実際に印刷は行わず、確認が済んだら印刷プレ
   ビューを閉じましょう（実際の印刷は CHAPTER6 の章末練習問題で行います）。
10. 文書を上書き保存して閉じましょう。

＜完成例＞

9月10日は青葉山の日
あおばやま

～青葉山に登って自然を満喫しよう！～

　標高910m、ブナやカエデの原生林が広がる青葉山は、四季折々に様々な表情が楽しめる美しい山です。登山道はなだらかで、山頂までの景色を楽しみながらのんびりと登ることができます。標高にちなみ、9月10日は青葉山の日になっています。この日に青葉山登山を楽しみませんか？

　登頂された方には登頂証明書を授与いたします。また、山頂では軽食のサービスや記念グッズの配布も予定しております。

【実施日】□9月10日（日）
　　　　　午前8時～午後4時の間は登山口と山頂にボランティアガイドが待機します。初心者の方や不安な方はボランティアガイドと一緒に登れます。当日は、駅⇔登山口間を臨時バスが運行します。

臨時バス時刻表

《発》→松野駅	→《着》青葉山入口		
9:15	9:30	－	
10:15	10:30	11:15	11:30
		15:00	15:15
		17:00	17:15

登山口には駐車場もございます。

《主催》‥松野市観光協会
《協力》‥青葉山同好会

山登りを楽しもう！

移動やコピーで
文書を編集する

ここでは、文字列の移動やコピーの操作を学習します。
入力した文字列を別の場所へ移動したりコピーしたりできるよう
になれば、再入力や編集にかかる時間を大幅に短縮することがで
きます。

5-1 文字列を移動、コピーする

文字列を移動、コピーする操作には、**クリップボード**という概念が利用されます。クリップボードといえば"留め具のついた筆記板（用箋ばさみ）"が思い浮かびますが、パソコンでは移動、コピーをする際の一時的なデータの保管場所のことを指します。

移動、コピーの操作では、選択した文字列をいったんクリップボードに保管するという考え方がポイントになります。

LESSON 1 | 文字列を移動する

文字列の移動は、対象の文字列を選択して**切り取り**という操作を行うことから始めます。切り取った文字列はいったん文書から削除されますが、実際にはクリップボードに一時保管されています。その後、**貼り付け**という操作を行うことで文字列を移動できます。

なお、クリップボードに一時保管した文字列は、次の新しい文字列を切り取るまで残っているため、連続して貼り付けることも可能です。

文字列の移動のイメージ図

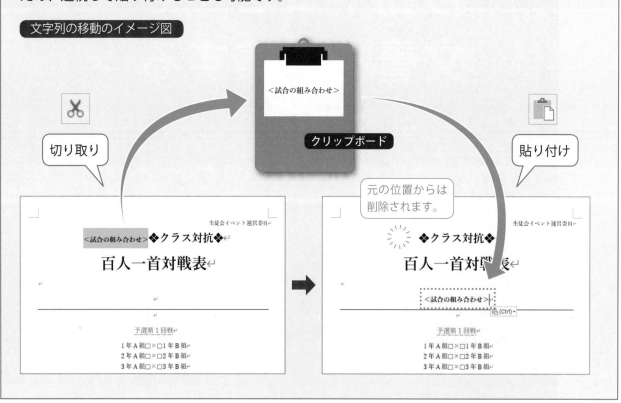

STEP 2行目の文字列"＜試合の組み合わせ＞"を5行目に移動する

1 実習用データの文書「Chap5_百人一首対戦表」を開きます。

スクール基礎_Word 2019 ▶ CHAPTER5 ▶ W「Chap5_百人一首対戦表」

実習用データはインターネットからダウンロードできます。詳細は本書のP.（4）に記載されています。

2 2行目の文字列"＜試合の組み合わせ＞"を範囲選択します。

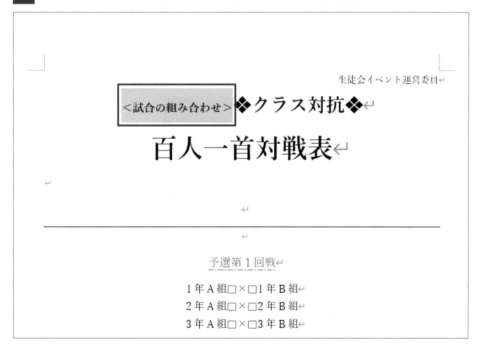

3 ［ホーム］タブの［切り取り］ボタンをクリックします。

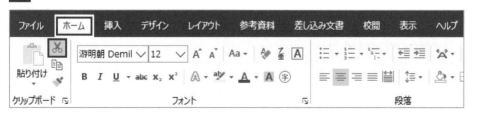

→ 選択した文字列がクリップボードに一時保管されます。

4 5行目をクリックして、カーソルを移動します。

5 ［ホーム］タブの［貼り付け］ボタンをクリックします。

→ 文字列"＜試合の組み合わせ＞"を移動（切り取り→貼り付け）できました。

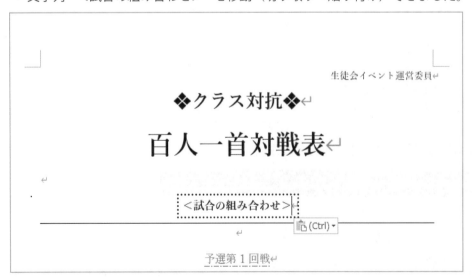

OnePoint 貼り付けの直後に表示される［貼り付けのオプション］について

［貼り付け］ボタンをクリックしてクリップボードの文字列を貼り付けると、貼り付けた文字列の近くに ［貼り付けのオプション］が表示されます。［貼り付けのオプション］の使用方法については P.194 の「LESSON1 貼り付け先の書式に合わせる」で学習します。

STEP 22 行目から 23 行目までの段落を 4 行目に移動する

1 22 行目から 23 行目までの段落を範囲選択します。

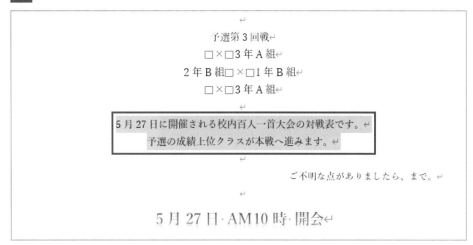

段落記号（↵）を含んで選択して切り取り→貼り付けを行うと段落単位での移動になります。

2 ［ホーム］タブの［切り取り］ボタンをクリックします。

→ 選択した段落がクリップボードに一時保管されます。

切り取った段落はその場所から削除されます。

3 4行目をクリックして、カーソルを移動します。

4 ［ホーム］タブの［貼り付け］ボタンをクリックします。

→ 22行目から23行目までの段落を移動できました。

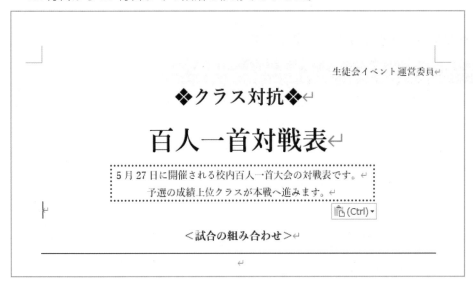

このように複数の段落をまとめて切り取って貼り付けることもできます。

LESSON **2** 文字列をコピーする

文字列を別の場所に複製するコピーの操作は、対象の文字列を選択してコピーという操作を行うことから始めます。移動のときとは違い、コピーした文字列はそのままの位置に残りつつ、クリップボードに一時保管されます。その後は移動のときと同様、貼り付けという操作を行うことで文字列をコピーできます。

なお、別の文字列を新たにコピーするまでは連続して同じ文字列を貼り付けることも可能です。

文字列のコピーのイメージ図

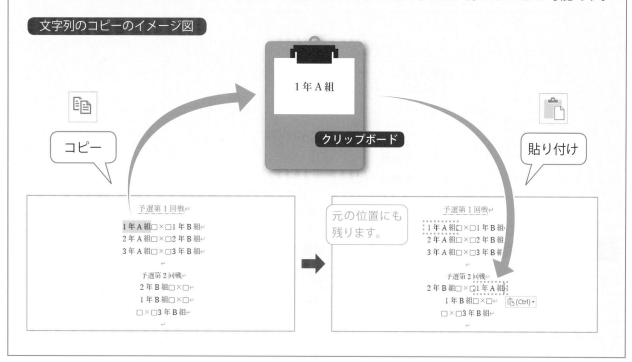

STEP **10 行目の文字列"1 年A組"を 15 行目と 22 行目にコピーする**

1 10 行目の文字列 "1 年 A 組 " を範囲選択します。

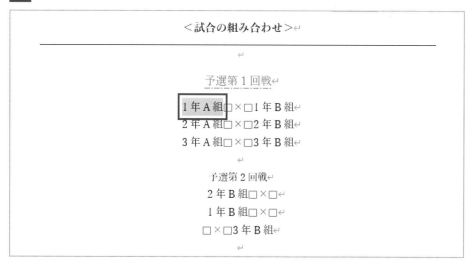

2 ［ホーム］タブの［コピー］ボタンをクリックします。

→ 選択した文字列がクリップボードに一時保管されます。

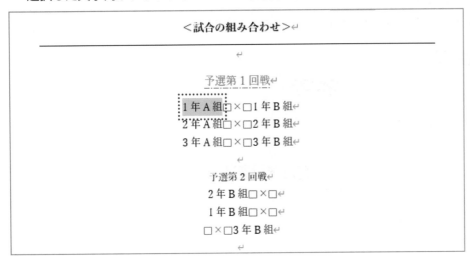

"切り取り"のときとは異なり、文字列は削除されずにそのまま残ります。

3 15 行目の下図の位置でクリックして、カーソルを移動します。

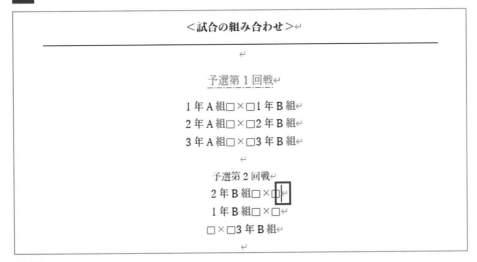

カーソルを移動したのは、貼り付け先の場所を指定するためです。

4 ［ホーム］タブの［貼り付け］ボタンをクリックします。

→ 文字列 "1 年 A 組 " をコピー（コピー → 貼り付け）できました。

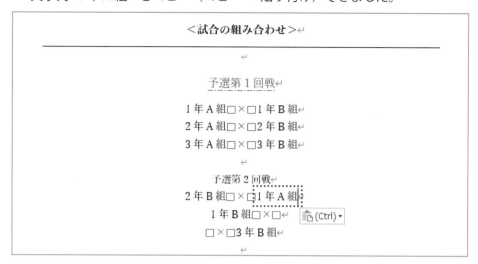

コピー → 貼り付けの
一連の操作は、" コピー
アンド ペースト " とも
呼ばれます。

5 続けて 22 行目の下図の位置でクリックして、カーソルを移動します。

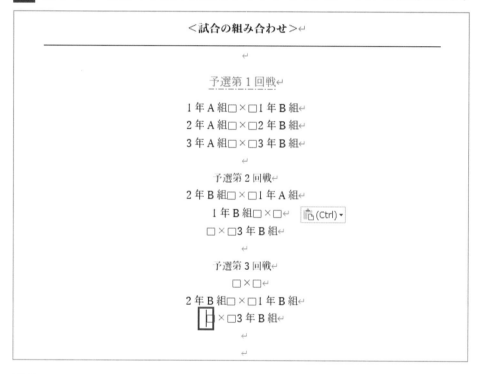

同じ内容であれば、続
けて貼り付けることが
可能です。

5

移動やコピーで文書を編集する

6 ［ホーム］タブの［貼り付け］ボタンをクリックします。

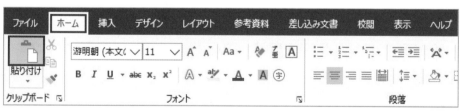

→ 同じ文字列 "1 年 A 組" をコピーできました。

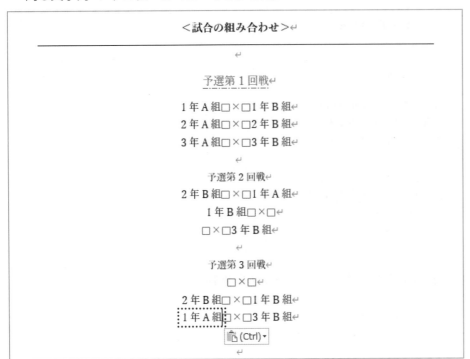

LESSON 3 | 複数の文字列を保管して貼り付ける

通常、移動やコピーの操作は、新しい文字列をクリップボードに保管すると、前に保管していた文字列を貼り付けることはできなくなってしまいますが、**クリップボードを画面に表示しておくと複数の文字列を保管することができるようになります**。保管した文字列はいつでもクリックして貼り付けることができます。

STEP 文字列"2年A組"と"3年A組"をクリップボードに保管して貼り付ける

1 ［ホーム］タブの □ ［クリップボード］をクリックします。

→ クリップボードが表示されます。

クリップボードにはここまでに"切り取り"、"コピー"した内容が保管されています。そのため、左図とは異なる文字列などが保管されている可能性がありますが、この後の操作に影響はありません。

移動やコピーで文書を編集する

5

2 11 行目の文字列 "2 年 A 組" を範囲選択します。

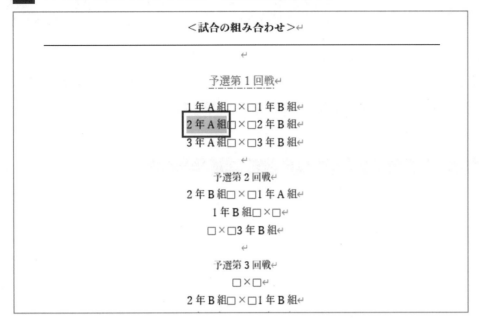

3 ［ホーム］タブの ［コピー］ ボタンをクリックします。

→ クリップボードに文字列 "2 年 A 組" が保管されます。

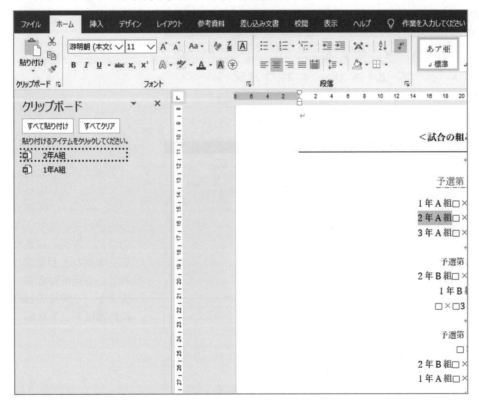

4 続けて 12 行目の文字列 "3 年 A 組 " を範囲選択します。

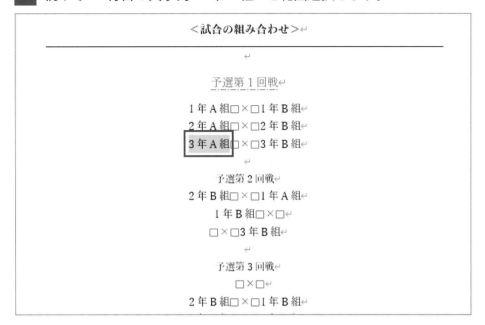

5 ［ホーム］タブの［コピー］ボタンをクリックします。

→ クリップボードに文字列 "3 年 A 組 " が保管されます。

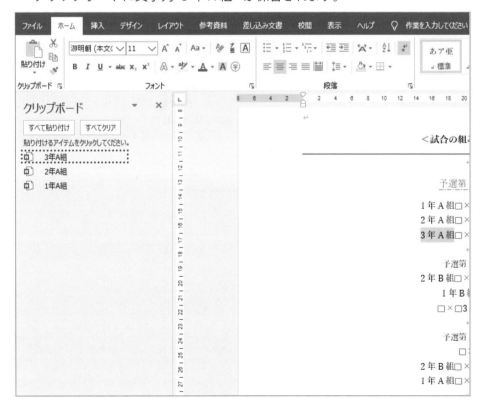

6 17 行目の下図の位置でクリックして、カーソルを移動します。

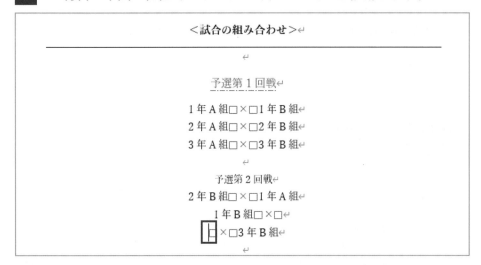

7 クリップボード内の［2 年 A 組］をクリックします。

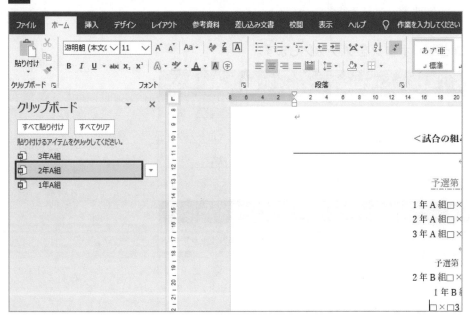

→ カーソルの位置に文字列 "2 年 A 組" が貼り付けられました。

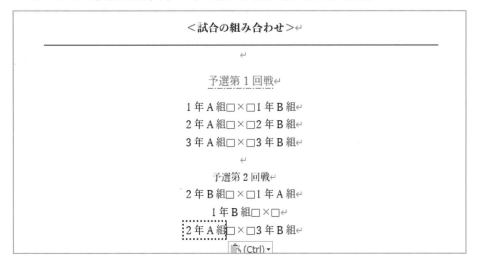

8 16 行目の下図の位置でクリックして、カーソルを移動します。

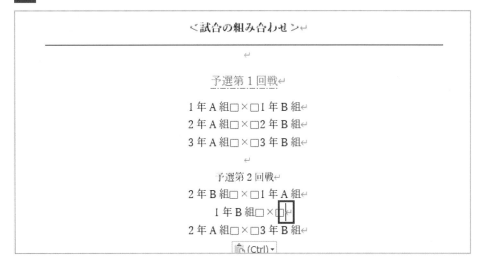

9 クリップボード内の［3 年 A 組］をクリックします。

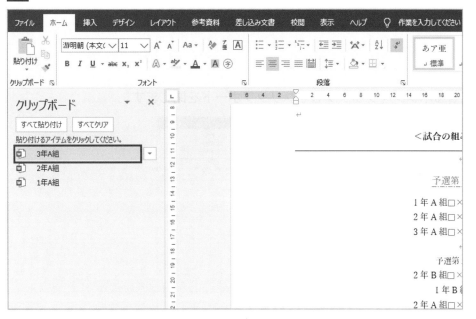

→ カーソルの位置に文字列 "3 年 A 組" が貼り付けられました。

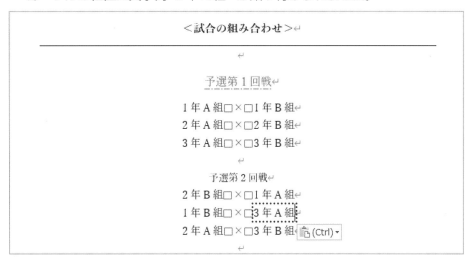

10 同様の方法で、下図の2箇所にそれぞれ "2年A組" と "3年A組" を貼り付けます。

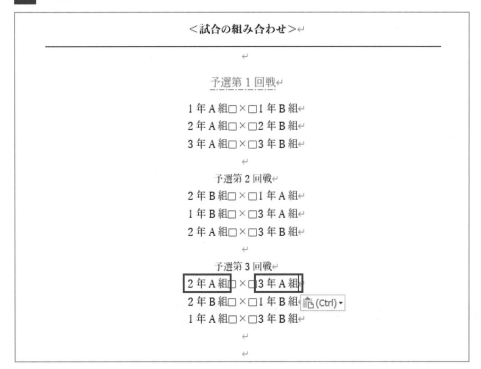

11 クリップボードの閉じるボタンをクリックしてクリップボードを閉じます。

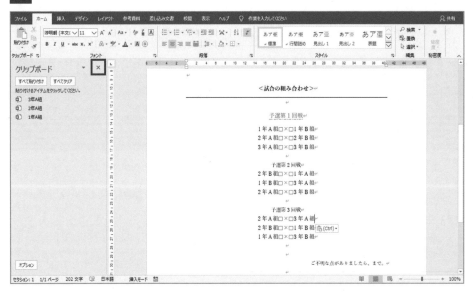

OnePoint クリップボードに保管された文字列を消去するには

クリップボードに保管されたアイテムを消去するには、［すべてクリア］をクリックします。個別に消去したい場合は、クリップボード内のそれぞれの文字列を選択したときに右側に表示される▼をクリックして、一覧から［削除］をクリックします。

⟲ OnePoint 　右クリックによる切り取り、コピー、貼り付け

ここでは［切り取り］、［コピー］、［貼り付け］の各ボタンを使って操作を行いましたが、マウスの右クリックで操作することもできます。
対象の文字列を範囲選択して、その範囲上で右クリックするとショートカットメニューが表示されます。ショートカットメニューの［切り取り］または［コピー］をクリックした後、貼り付け先で右クリックします。右クリックと同時にその位置にカーソルが移動し、さらにショートカットメニューが表示されます。ショートカットメニューの［貼り付けのオプション］から希望の形式をクリックすれば文字列を貼り付けることができます。

 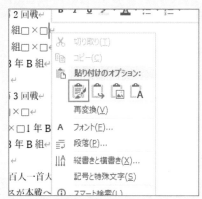

⟲ OnePoint 　切り取り、コピー、貼り付けのショートカットキー

よりすばやく切り取り、コピー、貼り付けの操作を行うには、ショートカットキーが便利です。
対象の文字列を範囲選択した状態で、Ctrl + X キーを押せば切り取りの操作、Ctrl + C キーを押せばコピーの操作となります。その後、貼り付け先にカーソルを移動して Ctrl + V キーを押せば貼り付けの操作となります。
移動、コピーを頻繁に行う場面では、これらのショートカットキーが効率的です。

5-2 書式に関するコピーを利用する

通常、文字列を移動、コピーすると、元の書式がそのままの状態で貼り付けられます。ここでは、書式を貼り付け先の状態に合わせる方法や、文字列ではなく書式だけをコピーして貼り付ける方法など、高度な移動とコピーの操作を学習します。

LESSON 1 貼り付け先の書式に合わせる

移動元、コピー元の書式と貼り付け先の書式が異なる場合、そのまま貼り付けると見た目のバランスが悪くなり、書式を手作業で揃える操作が必要になることがあります。
このような場合には、貼り付けのオプションを利用して、両方の書式を結合したり、元の書式を破棄して文字列（テキスト）のみを保持したりすることができます。

貼り付けのオプションの種類別効果

種　類	効　果
元の書式を保持	標準の貼り付け形式です。移動元、コピー元の書式がそのまま保持されます。
書式を結合	基本は貼り付け先の書式が優先されますが、移動元、コピー元に設定されていて、貼り付け先には設定されていない書式があれば、それらを結合した結果になります。
テキストのみ保持	貼り付け先の書式が適用されて、移動元、コピー元のすべての書式が破棄されます。また、切り取り、コピー範囲の最後に改行が含まれているとそれも破棄されます。

貼り付け直後

❖クフス対抗❖
百人一首 大会 対戦表
月27日に開催される校内百人一首大会の対戦表です。

貼り付けのオプション使用後

❖クフス対抗❖
百人一首大会対戦表
月27日に開催される校内百人一首大会の対戦表です。

STEP 4行目の文字列"大会"を3行目の"百人一首"の後ろにコピーする

1 4行目の文字列 " 大会 " を範囲選択します。

2 ［ホーム］タブの ［コピー］ボタンをクリックします。

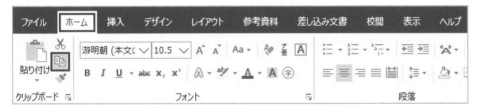

3 3行目の下図の位置でクリックして、カーソルを移動します。

今回の貼り付け先には、コピー元とは異なる書式（フォント、フォントサイズ、太字）が設定されています。

4 ［ホーム］タブの［貼り付け］ボタンをクリックします。

→ "大会" の文字列が貼り付けられます。ただし、前後の文字列と書式が異なっています。

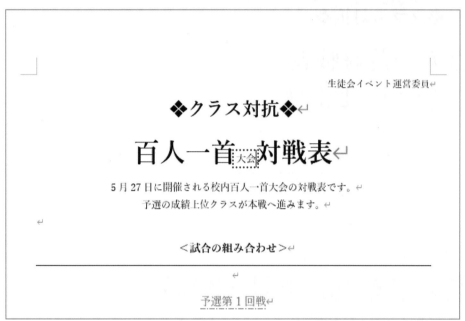

標準の貼り付け形式である "元の書式を保持" の状態です。

5 貼り付けた文字列の近くに表示されている［貼り付けのオプション］をクリックします。

6 一覧から［書式を結合］をクリックします。

→ コピーした文字列の書式を、貼り付け先の書式と結合しました。

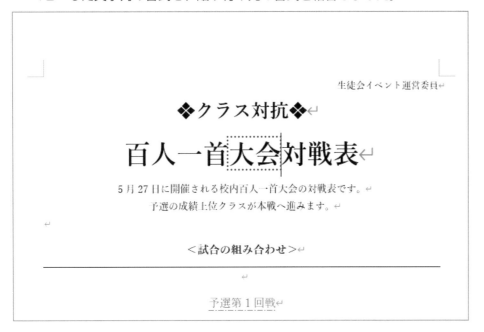

今回はコピー元となる文字列に書式が設定されていなかったため、貼り付け先と同じ書式になりましたが、もしコピー元の文字列にも何らかの書式が設定されていた場合、両者の書式が組み合わされた結果になります。

5

移動やコピーで文書を編集する

STEP ▷ 1行目の段落"生徒会イベント運営委員↵"を24行目に移動する

1 1行目の段落"生徒会イベント運営委員↵"を範囲選択します。

この後の操作の効果を分かりやすくするために、ここでは段落記号（↵）も含めて段落を選択しています。

2 ［ホーム］タブの［切り取り］ボタンをクリックします。

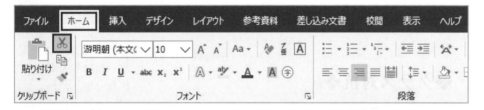

→ 選択していた文字列がクリップボードに一時保管され、文書から削除されます。

3 24行目の下図の位置でクリックして、カーソルを移動します。

4　［ホーム］タブの［貼り付け］ボタンをクリックします。

→ "生徒会イベント運営委員"の文字列が貼り付けられます。

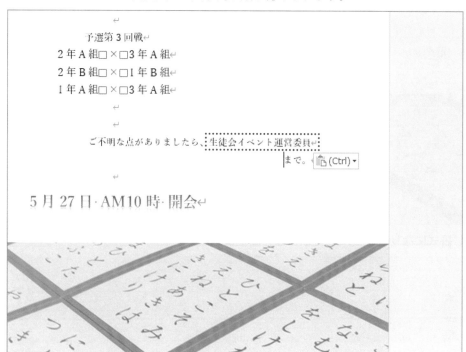

現時点では、フォントサイズが異なっているうえ、改行もされています。

5　貼り付けた文字列の近くに表示されている［貼り付けのオプション］をクリックします。

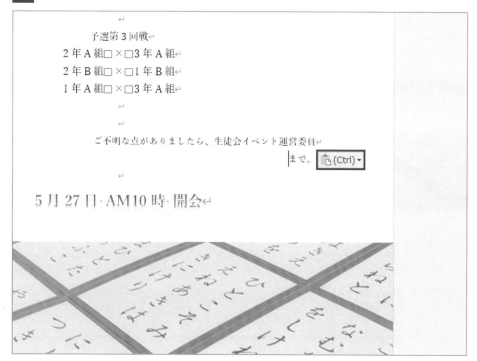

6 一覧から［テキストのみ保持］をクリックします。

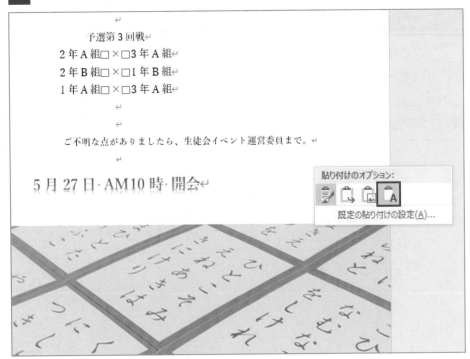

→ 貼り付け先の書式と同じ書式になり、さらに改行されなくなりました。

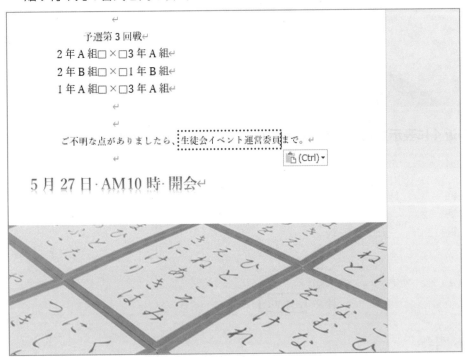

⬅️One Point　貼り付け時にあらかじめオプションを指定するには

ここまでは、いったん貼り付けた後で［貼り付けのオプション］で設定する方法を説明しましたが、あらかじめ指定したうえで貼り付けることもできます。

そのためにはまず［貼り付け］ボタンの▼をクリックし、［貼り付けのオプション］を表す各アイコンのいずれかをクリックするか、［形式を選択して貼り付け］をクリックして［形式を選択して貼り付け］ダイアログボックスから詳細を選択します。

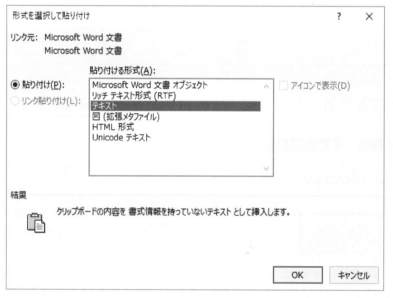

LESSON **2** 書式をコピーして貼り付ける

書式のコピー／貼り付け機能を使うと、文字列に設定されている書式だけを別の文字列に適用することができ、何度も同じ書式を設定する手間が省けます。

操作には［書式のコピー/貼り付け］ボタンを使用します。ボタンを1回クリックした場合は、書式の貼り付けの効果は1度しか適用されませんが、ボタンをダブルクリックすると連続して書式を貼り付けていくことができます。

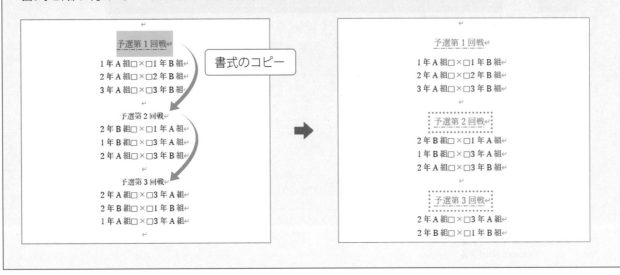

STEP 8行目の文字列の書式をコピーして13、18行目の文字列に貼り付ける

1 8行目の文字列 " 予選第1回戦 " を範囲選択します。

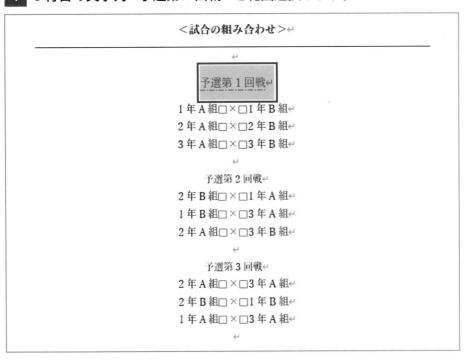

8行目の文字列の一部だけ、または段落記号（↵）を含めて段落全体を選択してもかまいません。

2 ［ホーム］タブの［書式のコピー / 貼り付け］ボタンをダブルクリックします。

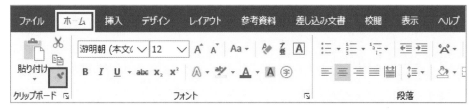

→ マウスポインターの形が 🖌 に変わります。

3 マウスポインターを 13 行目の文字列 "予選第 2 回戦" の左端へ移動します。

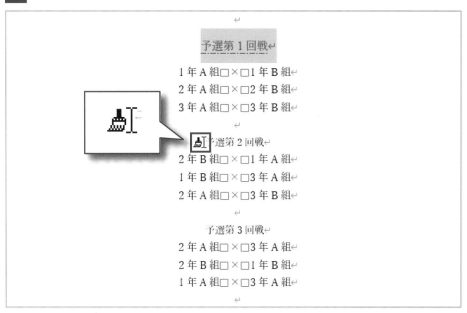

4 文字列 "予選第 2 回戦" の右端までドラッグします。

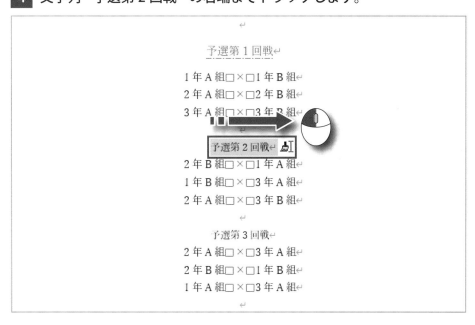

→ 8 行目と同じ書式が 13 行目に貼り付けられました。

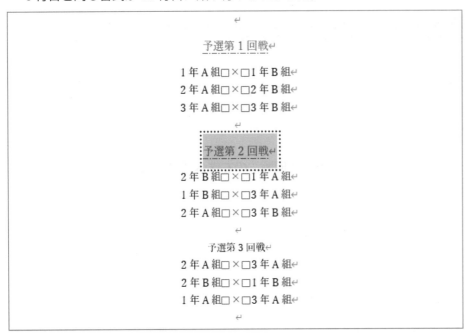

書式だけが貼り付けられます。文字列の内容に変化はありません。

5 マウスポインターの形がまだ🖌️であることを確認します。

6 マウスポインターを 18 行目の " 予選第 3 回戦 " の左端へ移動します。

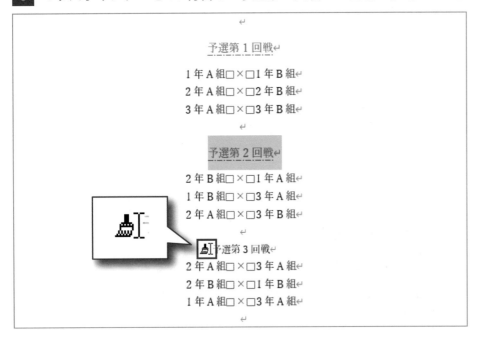

マウスポインターが通常の形に戻ってしまった場合は、8 行目または 13 行目を選択し、再度［書式のコピー /貼り付け］ボタンをダブルクリックします。

7 文字列 " 予選第 3 回戦 " の右端までドラッグします。

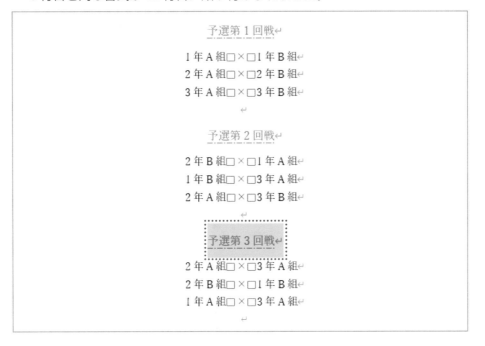

→ 8 行目と同じ書式が 18 行目に貼り付けられました。

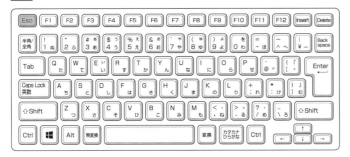

8 Esc キーを押します。

書式の連続貼り付けを
終えるための操作です。

現在の文書は閉じずに
次へ進んでください。

→ マウスポインターの形が通常に戻ります。

5-3 表に関する移動とコピーを利用する

移動、コピーの操作は文字列に対してだけでなく、表の行や列やセルに対して行うこともできます。
ここでは主に表の行を移動、コピーする操作を学習します。

LESSON 1 | 表の行を移動して順番を入れ替える

表の行の順番を間違えて作成した場合は、行の移動を行うと作業時間の短縮になります。
操作の手順は文字列のときとほぼ同じですが、注意点として、先頭（1列目）のセルを貼り付け位置にするようにします。2列目以降のセルを貼り付け位置にすると、その行だけが表から突き出るように貼り付けられてしまいます。
ここでは通常の切り取り→貼り付けで行を入れ替える方法の他に、便利なショートカットキーによる行の入れ替え方法も学習します。

STEP 表の 8 行目から 9 行目までを 6 行目の上に移動する

1 実習用データの文書「Chap5_ イベント企画書」を開きます。

📁 スクール基礎 _Word 2019 ▶ 📁 CHAPTER5 ▶ Ⓦ 「Chap5_ イベント企画書」

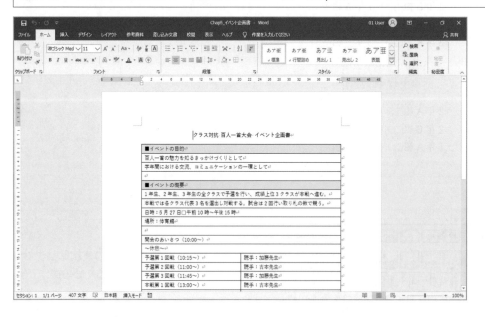

💬 ここでは、文書「Chap5_ 百人一首対戦表」は閉じずに、文書「Chap5_ イベント企画書」を開きます。
実習用データはインターネットからダウンロードできます。詳細は本書の P.（4）に記載されています。

2 表の 8 行目から 9 行目を範囲選択します。

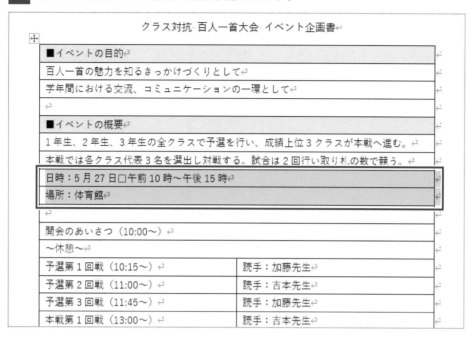

表の複数行を範囲選択
するには、行の左側（表
の左側の余白部分）で
ドラッグします。

3 ［ホーム］タブの［切り取り］ボタンをクリックします。

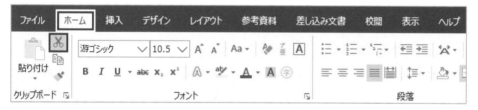

→ 選択していた行がクリップボードに一時保管されます。

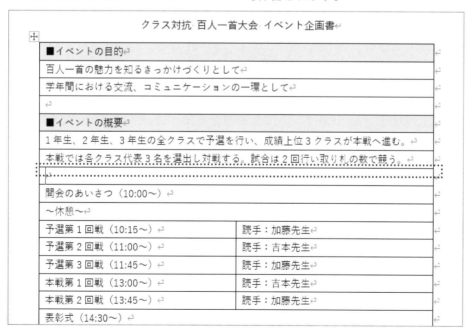

5

移動やコピーで文書を編集する

4 表の6行目のセル内先頭でクリックして、下図の位置にカーソルを移動します。

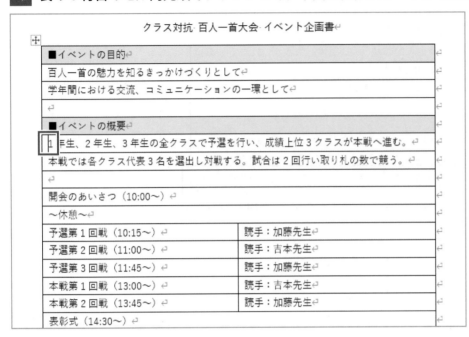

必ずセルの先頭にカーソルを移動します。

5 ［ホーム］タブの［貼り付け］ボタンをクリックします。

→ 表の8行目から9行目までを6行目の上に移動できました。

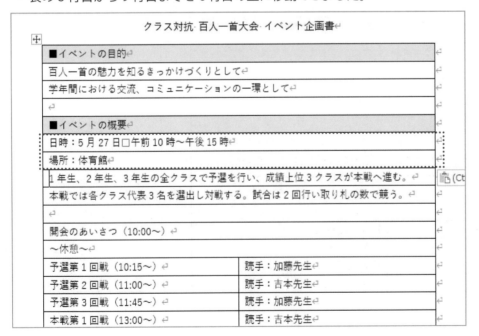

表の中の行を移動したことにより、行の順番を入れ替えることができました。

STEP 表の 12 行目を"予選"と"本戦"の行の間にショートカットキーで移動する

1 表の 12 行目にカーソルを移動します。

行単位で範囲選択してもかまいません。

2 Shift + Alt + ↓ キーを 3 回押します。

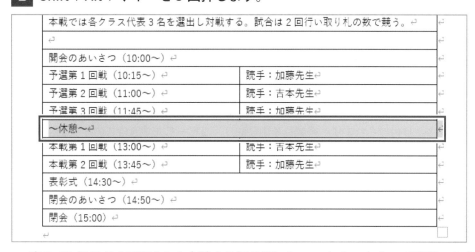

Shift + Alt + ↑ キーで上方向にも移動できます。

→ 表の 12 行目を"予選"と"本戦"の行の間にショートカットキーで移動できました。

OnePoint 表の行の移動、コピー時の貼り付けの形式

表の行を移動、コピーしたときに指定できる貼り付けの形式は、通常の文字列を移動、コピーしたときに表示されるものと種類が異なります。

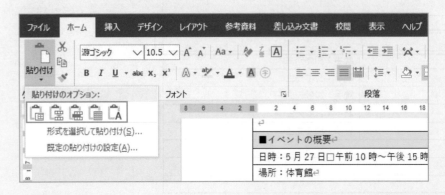

📋 表のネスト ······················ カーソルがあるセル内に入れ子の状態で貼り付けられます。

📋 表の差し込み ················· カーソルがある行の下に貼り付けられます。もともと下にあった行は上書きされます。文字の書式は維持されますが表に関する書式（罫線の種類や塗りつぶしの色など）は標準のものに戻ります。

📋 新しい行として挿入 ········ カーソルがある行の下に挿入して貼り付けられます。もともと下にあった行は削除されません。表に関する書式は維持されます。

📋 セルの上書き ················· カーソルがあるセルを起点に、もともとそこにあるセルを上書きして貼り付けられます。行単位で切り取り、コピーした場合はこのオプションは表示されませんが、上書きするセルを範囲選択すると表示されます。

📋 テキストのみ保持 ·········· 文字だけが貼り付けられます。

LESSON 2 | 表の行をコピーして行の間に挿入する

同じ内容や同じ書式の表の行が必要なときは行をコピーすると作業時間の短縮になります。
コピーの場合も、行の移動のときと同様、貼り付け先を先頭のセルにしないとその行だけが表から突き出るように貼り付けられてしまうので注意します。
ここでは、同じ書式の行をコピーして貼り付け、行内の文字列だけを入力し直すことで、作業を短縮する操作を学習します。

STEP 表の 1 行目をコピーして 11 行目の上に貼り付ける

1 表の 1 行目を範囲選択します。

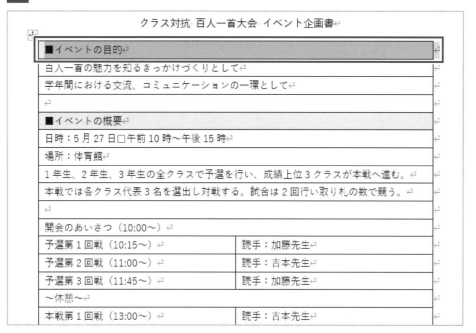

2 ［ホーム］タブの［コピー］ボタンをクリックします。

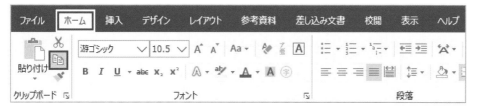

5 移動やコピーで文書を編集する

3 表の 11 行目のセル内先頭でクリックして、下図の位置にカーソルを移動します。

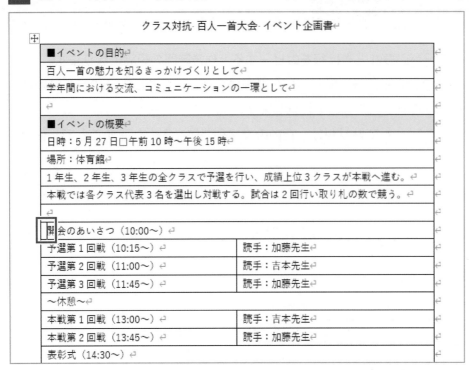

必ず先頭セルにカーソルを移動します。
または貼り付け先も行単位で選択しておいて貼り付ける方法もあります。

4 ［ホーム］タブの［貼り付け］ボタンをクリックします。

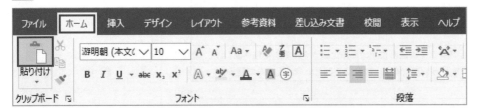

→ 表の 1 行目をコピーして 11 行目の上に貼り付けることができました。

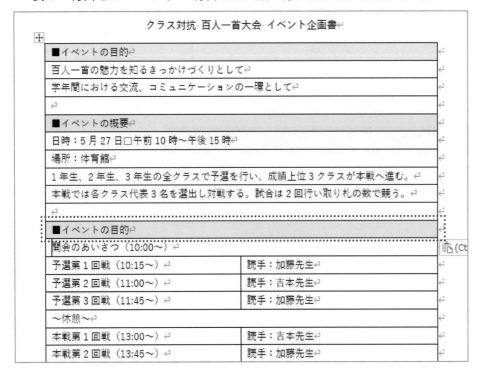

5　下図のように文字を入力し直します。

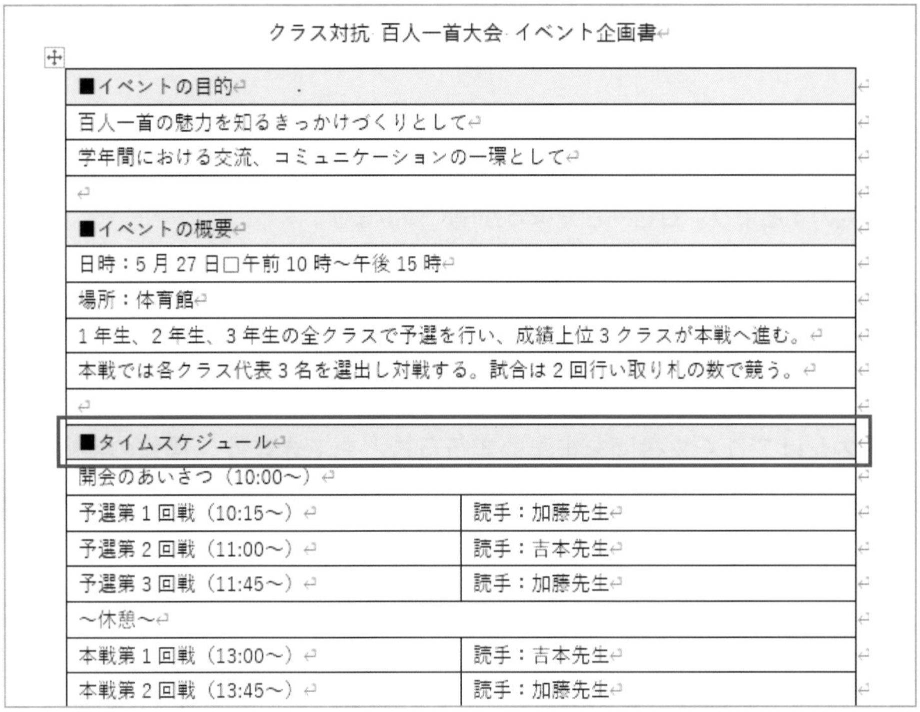

クラス対抗 百人一首大会 イベント企画書	
■イベントの目的	
百人一首の魅力を知るきっかけづくりとして	
学年間における交流、コミュニケーションの一環として	
■イベントの概要	
日時：5 月 27 日□午前 10 時～午後 15 時	
場所：体育館	
1 年生、2 年生、3 年生の全クラスで予選を行い、成績上位 3 クラスが本戦へ進む。	
本戦では各クラス代表 3 名を選出し対戦する。試合は 2 回行い取り札の数で競う。	
■タイムスケジュール	
開会のあいさつ（10:00～）	
予選第 1 回戦（10:15～）	読手：加藤先生
予選第 2 回戦（11:00～）	読手：吉本先生
予選第 3 回戦（11:45～）	読手：加藤先生
～休憩～	
本戦第 1 回戦（13:00～）	読手：吉本先生
本戦第 2 回戦（13:45～）	読手：加藤先生

5-4 文書間で文字列を移動、コピーする

文書間での移動、コピーは、パソコンで資料を作成しているときにはよく行う操作です。
たとえば、先に作っておいた企画書をもとに、別の書類を仕上げるような場面では、企画書に入力していた文章を再度別の書類に入力するより、コピーしたほうが早く済みます。

LESSON 1 │ 別の文書に文字列をコピーする

移動、コピーは、同一文書内だけでなく文書間をまたいで行うこともできます。操作の手順は通常の操作の移動、コピーと変わりませんが、途中で文書を切り替える操作が必要となります。また、貼り付けオプションの指定も可能です。

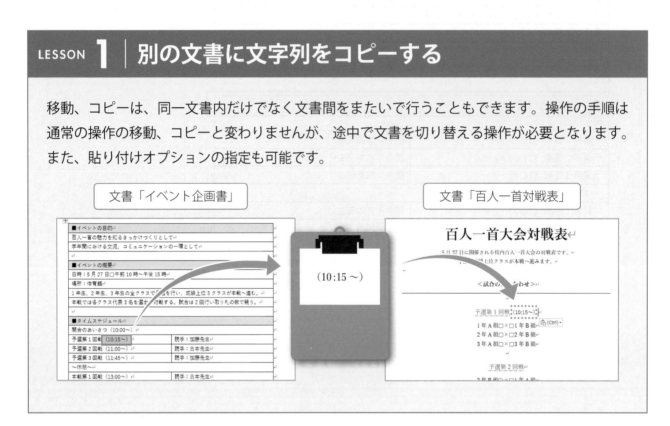

STEP 文書「イベント企画書」の文字列を文書「百人一首対戦表」にコピーする

1 文書「Chap5_ イベント企画書」の文字列「(10:15 ～)」を範囲選択します。

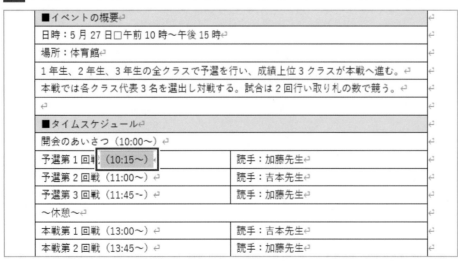

2 ［ホーム］タブの［コピー］ボタンをクリックします。

→ 選択した文字列がクリップボードに保管されます。

3 画面下部のタスクバーに表示されている Word のアイコンにマウスポインターを合わせます。

→ 現在開いている文書の画面が、小さなプレビューで表示されます。

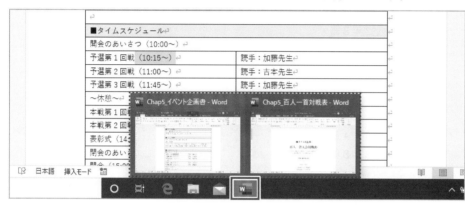

💬
現在 2 つの文書を開いていることが確認できます。

4 「Chap5_ 百人一首対戦表」のプレビューをクリックします。

→ 文書「Chap5_ 百人一首対戦表」が前面に表示されました。

5 文書「Chap5_百人一首対戦表」の下図の位置でクリックして、カーソルを移動します。

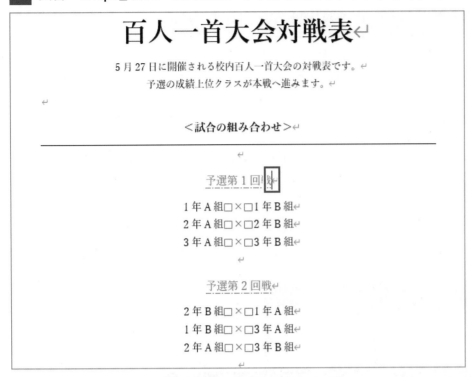

貼り付け先の場所を指定するための操作です。

6 ［ホーム］タブの［貼り付け］ボタンをクリックします。

→ 文書「Chap5_イベント企画書」の文字列を文書「Chap5_百人一首大会」にコピーすることができました。

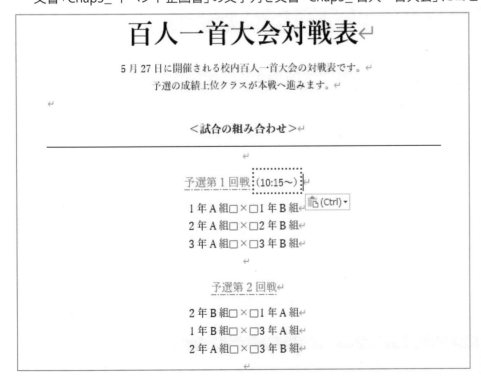

7 ［貼り付けのオプション］をクリックします。

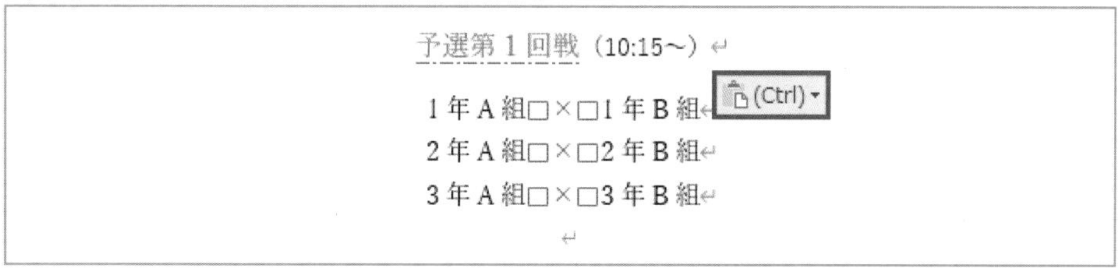

予選第 1 回戦（10:15～）↵

1 年 A 組□×□1 年 B 組↵
2 年 A 組□×□2 年 B 組↵
3 年 A 組□×□3 年 B 組↵

↵

8 一覧から［書式を結合］をクリックします。

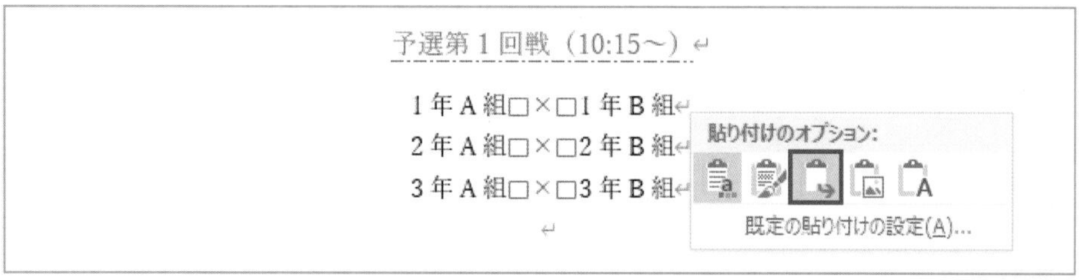

予選第 1 回戦（10:15～）↵

1 年 A 組□×□1 年 B 組↵
2 年 A 組□×□2 年 B 組↵
3 年 A 組□×□3 年 B 組↵

↵

貼り付けのオプション:

既定の貼り付けの設定(A)...

→ 書式が貼り付け先の書式と結合されます。

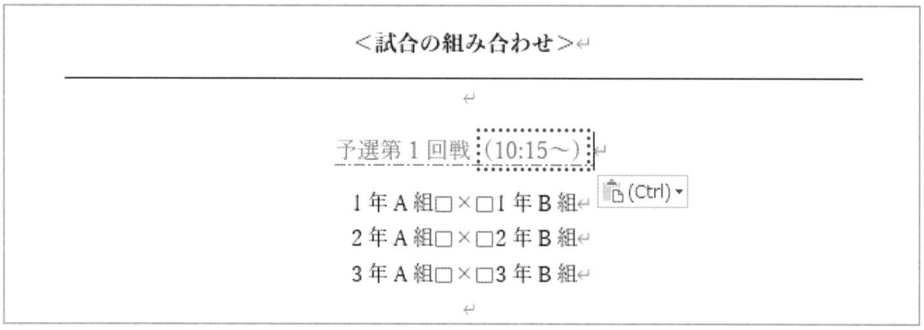

＜試合の組み合わせ＞↵
_____

↵

予選第 1 回戦（10:15～）↵

1 年 A 組□×□1 年 B 組↵
2 年 A 組□×□2 年 B 組↵
3 年 A 組□×□3 年 B 組↵

↵

9 同様の方法で、下図の 2 箇所もコピーします。

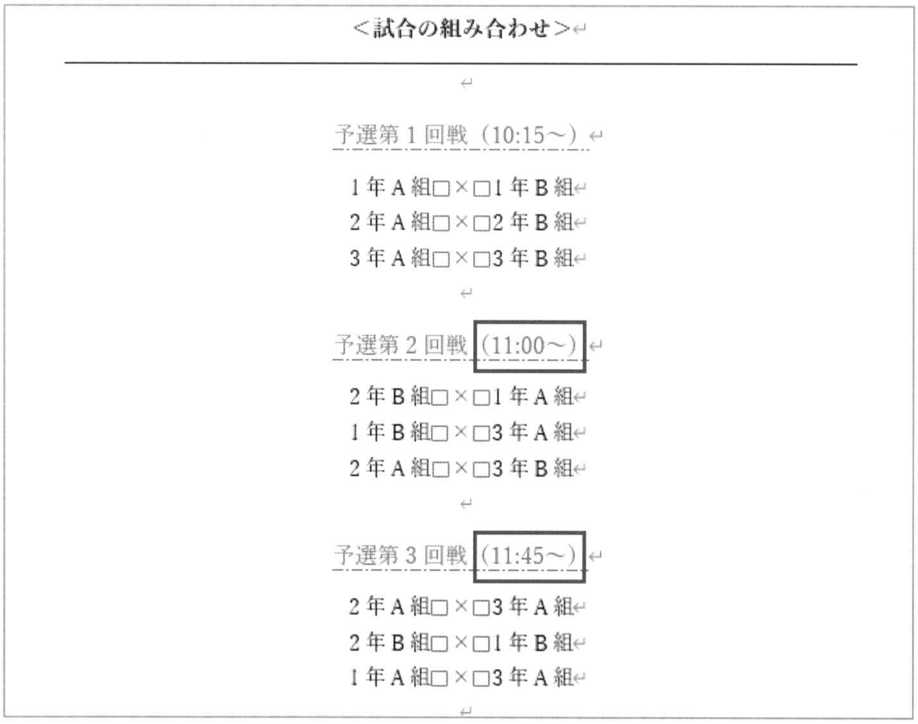

＜試合の組み合わせ＞↵
_____

↵

予選第 1 回戦（10:15～）↵

1 年 A 組□×□1 年 B 組↵
2 年 A 組□×□2 年 B 組↵
3 年 A 組□×□3 年 B 組↵

↵

予選第 2 回戦（11:00～）↵

2 年 B 組□×□1 年 A 組↵
1 年 B 組□×□3 年 A 組↵
2 年 A 組□×□3 年 B 組↵

↵

予選第 3 回戦（11:45～）↵

2 年 A 組□×□3 年 A 組↵
2 年 B 組□×□1 年 B 組↵
1 年 A 組□×□3 年 A 組↵

5

移動やコピーで文書を編集する

10 文書「Chap5_ 百人一首対戦表」を上書き保存して閉じます。

11 文書「Chap5_ イベント企画書」を上書き保存して閉じます。

学習の
まとめ | **CHAPTER 5 章末練習問題**

【章末練習問題1】防災設備点検のお知らせ

▼🗁 スクール基礎_Word 2019 ▶ ▼🗁 CHAPTER5 ▶ ▼🗁 章末練習問題 ▶ Ｗ 「Chap5_ 防災設備点検のお知らせ」

---

1 文書「Chap5_ 防災設備点検のお知らせ」を開きましょう。
　※ CHAPTER4 の章末練習問題で作成した文書を使用してもかまいません。

2 8行目の文字列 "防災設備" をコピーして、本文内の文字列 "下記日程にて公民館" の後ろに
貼り付けましょう。貼り付け後、"書式を結合" のオプションを適用しましょう。

3 表の2行目と4行目を入れ替えましょう。
　※ "切り取り→貼り付け" による操作でも、ショートカットキーによる操作でもかまいません。

4 文書を1部印刷しましょう。

5 文書を上書き保存して閉じましょう。

5

＜完成例＞

令和2年2月17日

各地区公民館長殿

藤野町生涯学習課
課長□中野□弘司

防災設備点検のお知らせ

拝啓□余寒の候、ますます御健勝のこととお慶び申し上げます。日頃は公民館業務にご尽力いただきありがとうございます。

　さて、下記日程にて公民館防災設備点検を実施いたします。

　つきましては、ご多用とは存じますが、該当時間帯に必ずご在館くださいますよう、ご協力をお願い申し上げます。

　都合の悪い場合は、実施2日前までにお電話にてご連絡ください。

敬具

記

点検期間□□□3月12日～3月14日
連 絡 先□□□生涯学習課□担当：小島□電話：66-7777

◆点検日程表◆

場□所	実施日	予定時間
北地区公民館	3月12日（水）	10:00～11:00
東地区公民館	〃	13:30～14:30
西地区公民館	3月13日（木）	15:00～16:00

　所要時間は約1時間です。

　点検箇所は玄関・事務所・ホール・調理室・和室・資料室・トイレ・流し・廊下です。

　恐れ入りますが、各所の事前清掃をお願いいたします。

以上

【章末練習問題 2】青葉山登山のお誘い

🗁 スクール基礎_Word 2019 ▶ 🗁 CHAPTER5 ▶ 🗁 章末練習問題 ▶ �doc 「Chap5_ 青葉山登山のお誘い」

1 文書「Chap5_ 青葉山登山のお誘い」を開きましょう。
※ CHAPTER4 の章末練習問題で作成した文書を使用してもかまいません。

2 1 行目の文字列 "青葉山の日" に設定されている書式をコピーして、ページ下部の文字列 "山登りを楽しもう！" に貼り付けましょう。
※ふりがなの設定はコピーされません。

3 表内の文字列 "ー" をコピーして、下図のように貼り付けましょう（5 箇所）。

臨時バス時刻表			
《発》→ 松野駅	→《着》 青葉山入口		
9:15	9:30	－	－
10:15	10:30	11:15	11:30
－	－	15:00	15:15
－	－	17:00	17:15

登山口には駐車場もございます。

4 表内の文字列 "《発》→"、"→《着》"、"松野駅"、"青葉山入口" をそれぞれクリップボードに保管しましょう。その後、クリップボードを利用して下図のように貼り付けましょう。

臨時バス時刻表			
《発》→ 松野駅	→《着》 青葉山入口	《発》→ 青葉山入口	→《着》 松野駅
9:15	9:30	－	－
10:15	10:30	11:15	11:30
－	－	15:00	15:15
－	－	17:00	17:15

登山口には駐車場もございます。

5 表の 4 行目をコピーして、4 行目と 5 行目の間に貼り付けましょう。貼り付け後、完成例を参考に文字を修正しましょう。

6 文書を上書き保存して閉じましょう。

＜完成例＞

9月10日は青葉山の日
～青葉山に登って自然を満喫しよう！～

　標高910m、ブナやカエデの原生林が広がる青葉山は、四季折々に様々な表情が楽しめる美しい山です。登山道はなだらかで、山頂までの景色を楽しみながらのんびりと登ることができます。標高にちなみ、9月10日は青葉山の日になっています。この日に青葉山登山を楽しみませんか？

　登頂された方には登頂証明書を授与いたします。また、山頂では軽食のサービスや記念グッズの配布も予定しております。

【実施日】□9月10日（日）
　　　　　午前8時～午後4時の間は登山口と山頂にボランティアガイドが待機します。初心者の方や不安な方はボランティアガイドと一緒に登れます。当日は、駅⇔登山口間を臨時バスが運行します。

臨時バス時刻表

《発》→ 松野駅	→《着》 青葉山入口	《発》→ 青葉山入口	→《着》 松野駅
9:15	9:30	－	－
10:15	10:30	11:15	11:30
－	－	15:00	15:15
－	－	16:00	16:15
－	－	17:00	17:15

登山口には駐車場もございます。

《主催》‥松野市観光協会
《協力》‥青葉山同好会

山登りを楽しもう！

【章末練習問題 3】社員旅行アンケート

📁 スクール基礎 _Word 2019 ▶ 📁 CHAPTER5 ▶ 📁 章末練習問題 ▶ W 「Chap5_ 社員旅行アンケート」

1 文書「Chap5_ 社員旅行アンケート」を開きましょう。

2 15 行目の文字列 " 記 " のすぐ下の行の " 他にご希望があれば～ " の段落と、その下の 5 行（段落罫線 " 外枠 " が設定されています）を切り取って、" 以上 " のすぐ下の行（最終行）に貼り付けましょう。

3 記書き内の囲み線が設定された文字列 " 観光 " をすぐ後ろの空白文字（スペース）も含めてコピーして、" 松本城 " の前と " 鳥取砂丘 " の前に貼り付けましょう。

4 手順3と同様に、囲み線が設定された文字列 " 食事 " をすぐ後ろの空白文字（スペース）も含めてコピーして、" ソースかつ丼 " の前と、" 松葉ガニ " の前に貼り付けましょう。

5 10 行目の文字列 " 社員旅行 " をコピーして、表題の " アンケート " の前に貼り付けましょう。貼り付け後、" 書式を結合 " のオプションを適用しましょう。

6 1 行目の文字列 " 社員各位 " を段落記号も含めて切り取り、3 行目に貼り付けましょう。貼り付け後、" テキストのみ保持 " のオプションを適用しましょう。

7 記書き内の文字列 " プラン 1" に設定されている書式をコピーして、" プラン 2" と " プラン 3" に貼り付けましょう。

8 文書を上書き保存して閉じましょう。

＜完成例＞

総 1-35 号

2020 年 9 月 3 日

社員各位

総務部

沢井□亜由美

社員旅行アンケートご協力のお願い

　今年の社員旅行の旅行プランにつきまして、皆様のご意見をお伺いいたします。

　下記の案の中から行きたいプランを選んでいただくか、自由に希望を記入いただいて、社員食堂入り口のアンケート回収箱までご投函ください。

　お忙しいところ恐れ入りますが、ご協力をお願いいたします。

記

プラン 1

　　　□ 《石川》□ 観光 □ 金沢・兼六園・ひがし茶屋街 □ 食事 □ 香箱ガニ・おでん

プラン 2

　　　□ 《長野》□ 観光 □ 松本城・城下町散策 □ 食事 □ ソースかつ丼・手打蕎麦

プラン 3

　　　□ 《鳥取》□ 観光 □ 鳥取砂丘・倉吉白壁土蔵群 □ 食事 □ 松葉ガニ・和牛

以上

他にご希望があれば自由にご記入ください。

【章末練習問題 4】 日程変更のご案内

▼📁 スクール基礎_Word 2019 ▶ ▼📁 CHAPTER5 ▶ ▼📁 章末練習問題 ▶ W 「Chap5_ 日程変更のご案内」

1️⃣ 文書「Chap5_ 日程変更のご案内」を開きましょう。

2️⃣ 17 行目の文字列を段落記号も含めて切り取り、18 行目の先頭に貼り付けましょう。

3️⃣ 19 行目の文字列を段落記号も含めて切り取り、17 行目の " ↓ " の左側に貼り付けましょう。

4️⃣ 文字列 " ［1 班担当] □第 1 公園とその周辺 " の段落をコピーして、その下の空白行に貼り付けましょう。貼り付け後、もう一度その下の空白行に貼り付けましょう。

5️⃣ 貼り付けた文字列の "1" の箇所を、それぞれ「2」と「3」に入力し直しましょう。

6️⃣ 6 行目の文字列 " 美化推進活動 " をコピーして、10 行目の " さて、公園の " の後ろに貼り付けましょう。その後、" 書式を結合 " を適用して、貼り付け先の書式に合わせましょう。

7️⃣ 記書き内の文字列 " 変更前 " の「前」の文字に設定されている書式（傍点）をコピーして、文字列 " 変更後 " の「後」の文字に貼り付けましょう。

8️⃣ 文書を上書き保存して閉じましょう。

5

移動やコピーで文書を編集する

＜完成例＞

2020 年 4 月 15 日

南地区の皆様

自治会会長

小塚□拓馬

美化推進活動□日程変更のご案内

拝啓□時下ますます御健勝のこととお慶び申し上げます。平素は自治会活動にご協力いただきまして誠にありがとうございます。

　さて、公園の美化推進活動につきまして、4 月 10 日付けの文書でご案内しました日程を、下記のとおり変更させていただきます。

　急な変更で誠に申し訳ありませんが、皆様のご協力をお願いいたします。

敬具

記

変更前□□~~5 月 30 日□午前 8 時~~

↓

変更後□□5 月 29 日□午前 9 時

以上

《班別担当箇所》

　　[1 班担当] □第 1 公園とその周辺
　　[2 班担当] □第 2 公園とその周辺
　　[3 班担当] □第 3 公園とその周辺

問い合わせ：043-000-0000 （自治会長·小塚）

文書に画像を挿入する

文書にイラストや写真を挿入すると、文字ばかりのものよりは相手の理解度を深めることができます。また、それらを含んだ文書はひときわ目を引くものになります。ここではイラストや写真などの画像の挿入方法を学習します。

6-1 イラストや写真を挿入して配置する

文書自体を目立つものにしたい、一目で趣意を伝えたい、といった場合はイラストや写真などの画像が役立ちます。画像を挿入すると、より表現力豊かな文書を作成することができます。

LESSON 1 | 画像を挿入する

文書に画像を挿入するときには［図の挿入］ダイアログボックスを使用します。画像はパソコンに保存されているものの中から選ぶか、オンライン（インターネット）上から探して挿入します。本書ではサンプルファイルとして事前に用意した画像を挿入します。

STEP 画像ファイル「リゾートロゴマーク」を挿入する

1 実習用データの文書「Chap6_ 宿泊プランのご案内」を開きます。

📁 スクール基礎 _Word 2019 ▶ 📁 CHAPTER6 ▶ W 「Chap6_ 宿泊プランのご案内」

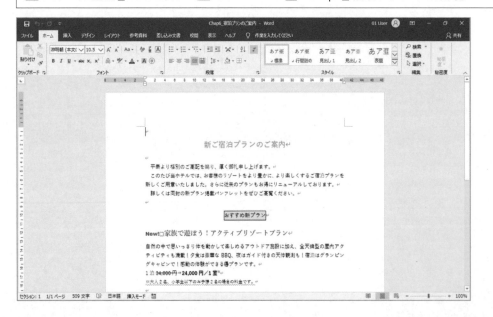

実習用データはインターネットからダウンロードできます。詳細は本書の P.（4）に記載されています。
CHAPTER2 で作成した「Chap2_ 宿泊プランのご案内」がある場合はそちらを使用してもかまいません。

2 1行目にカーソルを移動します。

画像を挿入したい位置
にカーソルを移動して
います。

3 ［挿入］タブの［画像］ボタンをクリックします。

4 一覧から［このデバイス］をクリックします。

→［図の挿入］ダイアログボックスが表示されます。

5 ［ドキュメント］をクリックします。

6 ［スクール基礎_Word2019］フォルダーをダブルクリックします。

左図とは異なるフォル
ダーに画像を保存して
いる場合は、そのフォ
ルダーを開きます。

6

文書に画像を挿入する

7 ［CHAPTER6］フォルダーをダブルクリックします。

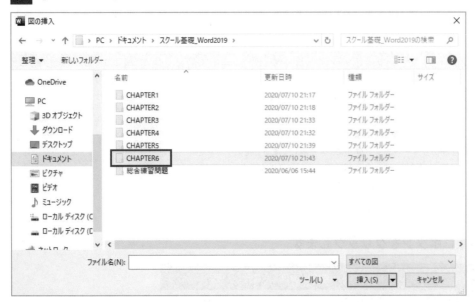

8 画像ファイル「リゾートロゴマーク」をクリックします。

9 ［挿入］をクリックします。

→ 画像ファイル「リゾートロゴマーク」を挿入できました。

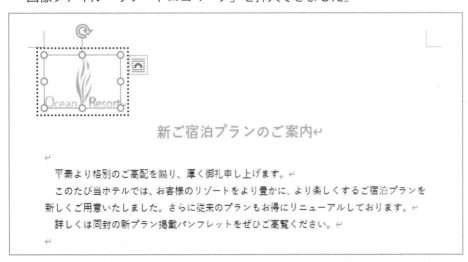

挿入直後の画像は選択
された状態になってい
ます（画像の周囲に○
が表示されています）。
選択を解除せずに次の
操作へ進みます。

10 ［ホーム］タブの［中央揃え］ボタンをクリックします。

→ 画像が中央揃えで配置されました。

挿入した画像には、中央揃えや右揃え、インデントといった段落書式の設定が可能です（実際にはこれらの書式は画像が挿入された"段落"に対して設定されています）。

OnePoint　挿入した画像を削除するには

文書に挿入した画像を削除したい場合は、削除したい画像をクリックして選択し、Delete キーまたは Backspace キーを押します。

OnePoint　オンライン画像を挿入するには

文書のイメージに合う画像がパソコンにない場合は、手順4の［画像の挿入元］で［オンライン画像］を選ぶと、インターネット上の豊富な画像から検索できるため、イメージに近い画像が見つかる可能性も高くなります。ただし、オンライン画像は画像の作成者に著作権があること、利用が禁じられている画像もあること、利用料が発生するケースもあることなどに注意が必要です。

検索したい画像のキーワードをここに入力します。

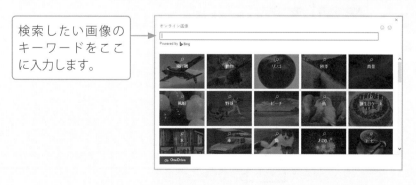

6

文書に画像を挿入する

STEP 画像ファイル「アクティブリゾート」と「サンセットビュー」を挿入する

1 16行目の下図の位置にカーソルを移動します。

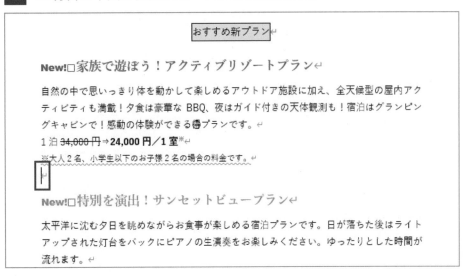

次のレッスンで画像を移動するため、実際にはこの時点でのカーソルの位置は重要ではありません。

2 ［挿入］タブの［画像］ボタンをクリックします。

3 一覧から［このデバイス］をクリックします。

→ ［図の挿入］ダイアログボックスが表示されます。

4 画像ファイル「アクティブリゾート」をクリックします。

5 ［挿入］をクリックします。

→ 画像ファイル「アクティブリゾート」を挿入できました。

おすすめ新プラン↵

New!□家族で遊ぼう！アクティブリゾートプラン↵

自然の中で思いっきり体を動かして楽しめるアウトドア施設に加え、全天候型の屋内アクティビティも満載！夕食は豪華な BBQ、夜はガイド付きの天体観測も！宿泊はグランピングキャビンで！感動の体験ができる得プランです。↵

1 泊 ~~34,000 円~~⇒**24,000 円／1 室**※↵

※大人 2 名、小学生以下のお子様 2 名の場合の料金です。↵

6 下図の位置にカーソルを移動します。

New!□特別を演出！サンセットビュープラン↵

太平洋に沈む夕日を眺めながらお食事が楽しめる宿泊プランです。日が落ちた後はライトアップされた灯台をバックにピアノの生演奏をお楽しみください。ゆったりとした時間が流れます。↵

1 泊 ~~26,000 円~~⇒**16,000 円／1 名**↵

ご宿泊の際フロントにて、この案内状を見たとお伝えください。次回ご利用いただけるご宿泊代 20%オフクーポンを差し上げます。↵

↵

オーシャンリゾートホテル□TEL：0XX-12X-56XX□担当：末羽葺↵

7 先ほどと同様の方法で、画像ファイル「サンセットビュー」を挿入します。

OnePoint **挿入した画像のサイズが異なる大きさの理由**

画像は、その画像が作成または撮影されたときの設定や、その後の画像加工時の設定によって、サイズが異なります。そのため Word に挿入したときにサイズにばらつきがあるのも自然なことです。
大きい画像を小さくする分には問題ありませんが、小さい画像を大きくしたときは画質が悪くなることもあるので注意が必要です。

OnePoint **画像を編集するためのタブ**

画像を選択しているときには、[図ツール] の [書式] というタブが表示されます（画像以外の位置を選択すると非表示になります）。

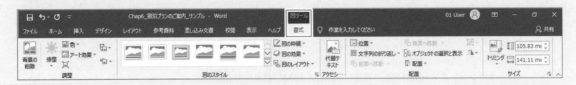

これは、画像に対してさまざまな設定ができるボタンなどがあるリボンを表示するための"画像のためのタブ"です。このように、必要な場合にのみ表示されるタブを"コンテキストタブ"と呼びます。

LESSON **2** | 画像のサイズを調整する

文書内の画像のサイズは、周囲に表示されている**サイズ変更ハンドル**をドラッグすることで変更できます。このハンドルは画像を選択していないと表示されません。選択は画像をクリックします。

サイズ変更ハンドル

> 画像の四隅にあるハンドルをドラッグすると、画像の縦と横のサイズが一度に変更できます。
> なお、四隅以外にもハンドルがありますが、これらは縦、横いずれかのサイズ変更になるため、画像の縦横比が変わってもかまわない場合にだけ使用します。

STEP 画像「サンセットビュー」と「アクティブリゾート」のサイズを変更する

1 画像「サンセットビュー」をクリックします。

2 画像の右下のハンドルを左上方向にドラッグします。

すでに対象の画像の周囲にハンドルが表示されている場合、手順1の操作は省略できます。

→ 画像のサイズを変更できました。

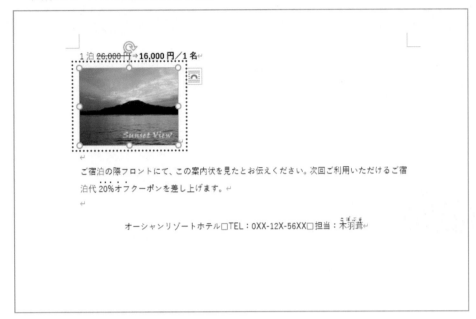

3 ［図ツール］の［書式］タブの［サイズ］グループの高さと幅のボックスで、画像のサイズを確認します。

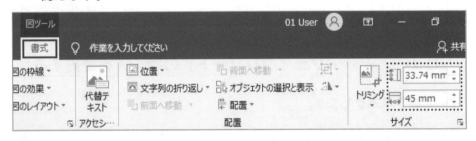

これらのボックスに数値を直接入力してサイズを指定することもできます。

4 画像「アクティブリゾート」をクリックして選択します。

5 同様の方法で、画像「アクティブリゾート」のサイズを変更します。

「サンセットビュー」と「アクティブリゾート」の画像のサイズはどちらもほぼ同じサイズになるように調整します。

→ 画像のサイズを変更できました。

6　[図ツール]の[書式]タブの[サイズ]グループの高さと幅のボックスで、画像のサイズを確認します。

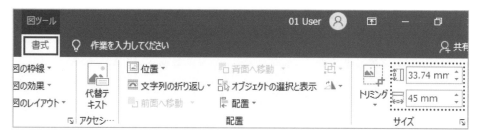

(One Point) **画像の縦横比が変わらないように気を付ける**

画像のサイズ変更時に四隅ではなく辺の中心にある4箇所のハンドルを使用してしまうと、画像の縦横比が変わり、下図のような縦や横に伸びたように見える画像になってしまいます。

LESSON 3 | 画像を自由に移動する

画像を自由に移動したい場合は、**文字列の折り返し**という設定を行います。これは画像を移動したときに、その周囲の**文字列が画像をどう避けるか**を指定する設定です。

文字列の折り返しの初期設定である"行内"では、画像を行の中に埋め込む（文字列と並べる）という扱いになるため、文字と文字の間に配置することはできても、自由に移動することはできません。そこでそれ以外の折り返しの種類を指定し、画像と周囲の文字列の扱いを決定します。たとえば"四角形"を指定すると、周囲の文字列は画像を四角く避けるようになります。こうすることで画像を自由に移動できるようになります。

折り返しの種類	結果イメージ	効果	自由な移動
行内 （初期設定）	いろはにほへとちり りぬるを わかよたれそ つね ならむ	画像は行内の文字と文字の間にのみ配置できます。	×
四角形	いろはに　　　ほへとちり りぬるを　　　わかよた れそつね　　　ならむ	文字列が画像の周囲を四角く避けるように配置されます。	○
狭く	いろはにほ　　へとちりぬる をわか　　　　よたれそ つねなら　　　む	文字列が画像の輪郭に沿って配置されます。	○
上下	いろはにほへと ちりぬるを わかよたれそ つねならむ	文字列が画像の上と下に配置されます。左右には回り込みません。	○
背面	いろはにほへとちりぬるを わかよたれそ つねならむ	画像が文字列の背面に配置されます。	○
前面	いろはにほへと ちりぬるを わかよたれ　　ねならむ	画像が文字列の前面に配置されます。	○

STEP ▶ 画像に文字列の折り返し"四角形"を設定する

1 画像「アクティブリゾート」をクリックして選択します。

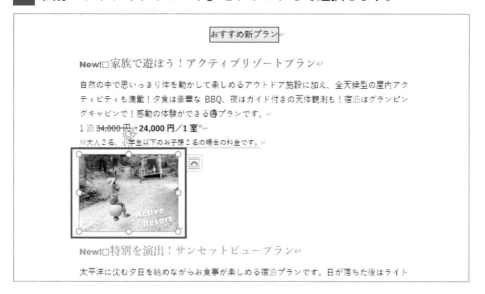

2 [図ツール]の[書式]タブの[文字列の折り返し]ボタンをクリックします。

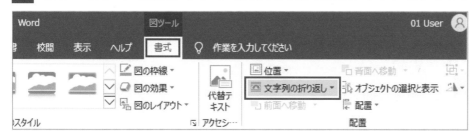

→ 文字列の折り返しの種類の一覧が表示されます。

3 一覧から[四角形]をクリックします。

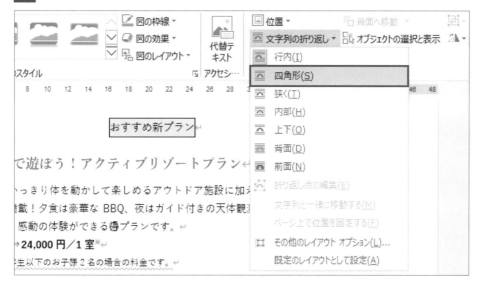

文字列の折り返しの種類は、画像の周囲にある文字列の内容や、最終的な文書全体のレイアウトイメージなどに合わせて選択します。

→ 画像の周囲に文字列が回り込みます。

> おすすめ新プラン

New!□家族で遊ぼう！アクティブリゾートプラン

自然の中で思いっきり体を動かして楽しめるアウトドア施設に加え、全天候型の屋内アクティビティも満載！夕食は豪華な BBQ、夜はガイド付きの天体観測も！宿泊はグランピンググキャビンで！感動の体験ができる得プランです。

1 泊 ~~34,000 円~~ ⇒24,000 円／1 室※

※大人 2 名、小学生以下のお子様 2 名の場合の料金です。

New!□特別を演出！サンセットビュープラン

太平洋に沈む夕日を眺めながらお食事が楽しめる宿泊プランです。日が落ちた後はライトアップされた灯台をバックにピアノの生演奏をお楽しみください。ゆったりとした時間が流れます。

1 泊 ~~26,000 円~~ ⇒16,000 円／1 名

4 同様の方法で、画像「サンセットビュー」に文字列の折り返し "四角形" を設定します。

グキャビンで！感動の体験ができる得プランです。

1 泊 ~~34,000 円~~ ⇒24,000 円／1 室※

※大人 2 名、小学生以下のお子様 2 名の場合の料金です。

New!□特別を演出！サンセットビュープラン

太平洋に沈む夕日を眺めながらお食事が楽しめる宿泊プランです。日が落ちた後はライトアップされた灯台をバックにピアノの生演奏をお楽しみください。ゆったりとした時間が流れます。

1 泊 ~~26,000 円~~ ⇒16,000 円／1 名

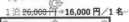

ご宿泊の際フロントにて、この案内状を見たとお伝えください。次回ご利用いただけるご宿泊代 20%オフクーポンを差し上げます。

オーシャンリゾートホテル□TEL：0XX-12X-56XX□担当：未羽葺

STEP 画像を移動する

1 画像「アクティブリゾート」にマウスポインターを合わせます。

→ マウスポインターの形が🖑に変わります。

2 下図のように文字列に重ねるようにドラッグします。

> 📝 文字列の折り返しを［行内］以外に設定することで画像が自由に移動できるようになります。

→ 画像を移動できました。

> 📝 文字列の折り返しを［四角形］に設定しているため、文字が隠れることなく、画像を避けるようにレイアウトされます。

3 同様の方法で、画像「サンセットビュー」を下図の位置に移動します。

New!□ 家族で遊ぼう！アクティブリゾートプラン↵

自然の中で思いっきり体を動かして楽しめるアウトドア施設
に加え、全天候型の屋内アクティビティも満載！夕食は豪華
な BBQ、夜はガイド付きの天体観測も！宿泊はグランピング
キャビンで！感動の体験ができる得プランです。↵

1 泊 ~~34,000 円~~ ⇒**24,000 円／1 室**※↵

※大人 2 名、小学生以下のお子様 2 名の場合の料金です。↵

New!□ 特別を演出！サンセットビュープラン↵

洋に沈む夕日を眺めながらお食事が楽しめる宿泊プラン
です。日が落ちた後はライトアップされた灯台をバックにピ
アノの生演奏をお楽しみください。ゆったりとした時間が流
れます。↵

1 泊 ~~26,000 円~~ ⇒**16,000 円／1 名**↵

ご宿泊の際フロントにて、この案内状を見たとお伝えください。次回ご利用いただけるご宿
泊代 20%オフクーポンを差し上げます。↵

6-2 アイコンを挿入して配置する

普通のイラストに比べて、簡略的に描かれており、しかし見ただけでそのものが表すイメージがすぐ理解できるように考えられて描かれたイラストを**アイコン**と呼びます。Wordでは、さまざまなアイコンを文書に挿入できます。

LESSON 1 | アイコンを挿入する

文書にアイコンを挿入すると、意図が伝わりやすくなる、目を引くアクセントになるなどの効果が期待できます。
今回は、文書内で挙げられている2つの宿泊プランのイメージに近いアイコンを検索して、それらをタイトルの行内に挿入する操作を学習します。

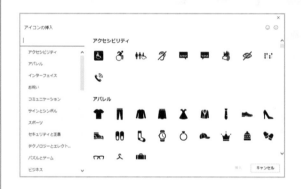

STEP 10行目の文字列"家族で遊ぼう"の直前に"テント"のアイコンを挿入する

1 10行目の文字列"家族で遊ぼう"の直前にカーソルを移動します。

2 [挿入] タブの [アイコン] ボタンをクリックします。

→ 挿入できるアイコンの一覧が並んだ画面が表示されます。

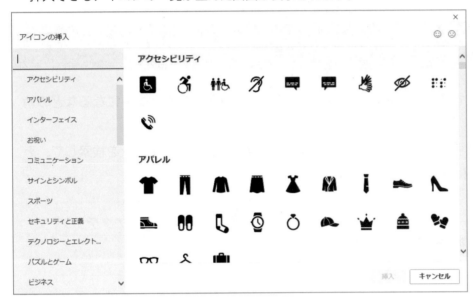

お使いのパソコンの環境によって表示されるアイコンの数は異なります。

3 アイコンを検索するボックス内に「テント」と入力します。

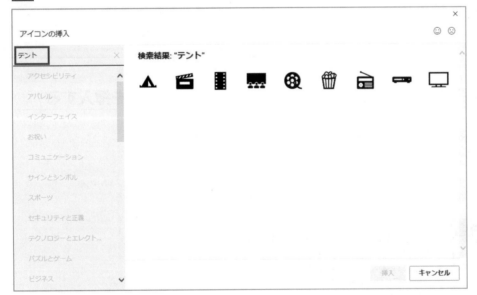

→ 検索結果が表示されます。

4 下図のアイコンをクリックして選択します。

5 ［挿入］をクリックします。

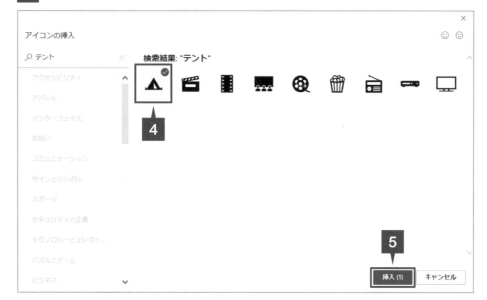

→ アイコンが挿入できました。

6 挿入したアイコンのサイズ変更ハンドルをドラッグして高さ 9mm 程度に調整します。

6

文書に画像を挿入する

7 同様の方法で、"夕日"のアイコンを下図の位置に挿入し、サイズを調整します。

おすすめ新プラン↵

New!□ 家族で遊ぼう！アクティブリゾートプラン↵

自然の中で思いっきり体を動かして楽しめるアウトドア施設に加え、全天候型の屋内アクティビティも満載！夕食は豪華なBBQ、夜はガイド付きの天体観測も！宿泊はグランピングキャビンで！感動の体験ができる得プランです。↵

1泊 34,000円 ⇒ **24,000円／1室**※↵

※大人2名、小学生以下のお子様2名の場合の料金です。↵

New!□ 特別を演出！サンセットビュープラン↵

太平洋に沈む夕日を眺めながらお食事が楽しめる宿泊プランです。日が落ちた後はライトアップされた灯台をバックにピアノの生演奏をお楽しみください。ゆったりとした時間が流れます。↵

1泊 26,000円 ⇒ **16,000円／1名**↵

💬 同じ形のアイコンがない場合は別のアイコンで代用してください。

🔄 **One Point** **アイコンが反転してしまう場合**

アイコンに限らず画像はサイズ変更時にドラッグ操作を誤ると反転してしまいます。これ以上小さくはならないという限界を超えてドラッグすると、その先は画像が反転して逆に大きくなっていくからです。うまく操作できない場合は [サイズ] グループの [高さ] と [幅] のボックスに数値を入力して調整します。反対にこの仕様をうまく利用して画像を反転させることもできます。ただしその場合は、画像の縦横比のバランスが崩れないように注意しましょう。

New!□ 家族で遊ぼう！アクティブリゾートプラン↵

LESSON **2**│アイコンの書式を設定する

アイコンはシンプルに描かれているため、文字列と同じように簡単に色などを変更できます。ここではそれぞれのタイトルの文字列と同じ色をアイコンに設定し、統一します。

> New!□ ▲ 家族で遊ぼう！アクティブリゾートプラン↵

> New!□ 🌅 特別を演出！サンセットビュープラン↵

また、アイコンはいわゆる"絵文字"のように、行内の文字列と並べて配置することも多いため、アイコンと文字列の高さを揃えたいという場合が多くあります。しかしそのままでは、アイコンは文字列よりも少し上に配置されてしまうため、行内でアイコンの位置を下げるための設定を行います。

> New!□ ▲ 家族で遊ぼう！アクティブリゾートプラン↵

> New!□ 🌅 特別を演出！サンセットビュープラン↵

STEP ▶ "テント"のアイコンの塗りつぶしの色を"青"に変更する

1 "テント"のアイコンをクリックして選択します。

2 ［グラフィックツール］の［書式］タブの［グラフィックの塗りつぶし］ボタンをクリックします。

3 ［標準の色］の［青］をクリックします。

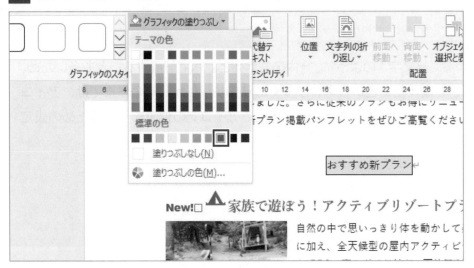

色にマウスポインターを合わせてしばらく待つと、色の名前が表示されます。

→ "テント" のアイコンの塗りつぶしの色を変更できました。

4 同様の方法で、"夕日" のアイコンの色を［テーマの色］の［オレンジ、アクセント 2］に設定します。

STEP "テント"のアイコンの位置を下げて文字と揃える

1 " テント " のアイコンをクリックして選択します。

2 ［ホーム］タブの［フォント］グループの ⤵ ［フォント］をクリックします。

💬 ⤵ ［フォント］は文字書式の詳細設定を行うためのボタンです。

→［フォント］ダイアログボックスが表示されます。

3 ［詳細設定］タブをクリックします。

4 [位置] ボックスの ⌄ をクリックします。

5 一覧から [下げる] をクリックします。

6 [間隔] ボックスの▼をクリックして [7pt] に設定します。

💬

▲▼をクリックして設定する他に、ボックス内に数値を直接入力することもできます。

💬

ここでは間隔を 7pt と指示していますが、実際には任意の数値を設定して仕上がりを確認しながら、最適な位置になるまで調整する操作が必要です。

7 ［OK］をクリックします。

→ "テント"のアイコンの位置を文字と揃うように下げることができました。

8 同様の方法で、"夕日"のアイコンの位置も文字列と揃うように下げます。

このように"文字列の折り返し"が"行内"になっている画像に対しては、文字列や段落に設定できる書式が適用できるケースがあります。

6

文書に画像を挿入する

→ 文書が完成しました。

新ご宿泊プランのご案内

　平素より格別のご高配を賜り、厚く御礼申し上げます。
　このたび当ホテルでは、お客様のリゾートをより豊かに、より楽しくするご宿泊プランを新しくご用意いたしました。さらに従来のプランもお得にリニューアルしております。
　詳しくは同封の新プラン掲載パンフレットをぜひご高覧ください。

おすすめ新プラン

New!□ ⚠ 家族で遊ぼう！アクティブリゾートプラン

自然の中で思いっきり体を動かして楽しめるアウトドア施設に加え、全天候型の屋内アクティビティも満載！夕食は豪華な BBQ、夜はガイド付きの天体観測も！宿泊はグランピングキャビンで！感動の体験ができる優プランです。

1 泊 ~~34,000 円~~ ⇒ **24,000 円／1 室**

※大人 2 名、小学生以下のお子様 2 名の場合の料金です。

New!□ ☀ 特別を演出！サンセットビュープラン

太平洋に沈む夕日を眺めながらお食事が楽しめる宿泊プランです。日が落ちた後はライトアップされた灯台をバックにピアノの生演奏をお楽しみください。ゆったりとした時間が流れます。

1 泊 ~~26,000 円~~ ⇒ **16,000 円／1 名**

　ご宿泊の際フロントにて、この案内状を見たとお伝えください。次回ご利用いただけるご宿泊代 20%オフクーポンを差し上げます。

オーシャンリゾートホテル□TEL：0XX-12X-56XX□担当：木羽眞

9 文書を上書き保存して閉じます。

🔄 One Point　**アイコンに文字列の折り返しを設定するには**

ここではアイコンの文字列の折り返しを"行内"のままで位置を調整する方法を学習しましたが、もっと自由にアイコンを移動したい場合は、通常の画像と同様の方法で文字列の折り返しを"行内"以外の種類に変更します。変更後はアイコンをドラッグして任意の位置に移動できるようになります。

【章末練習問題 1】クッキングサークル案内状

▶🗁 スクール基礎 _Word 2019 ▶ ▶🗁 CHAPTER6 ▶ ▶🗁 章末練習問題 ▶ Ⓦ 「Chap6_ クッキングサークル案内状」

1 文書「Chap6_ クッキングサークル案内状」を開きましょう。

※ CHAPTER3 の章末練習問題で作成した文書を使用してもかまいません。

2 8 行目（空白行）に画像「パン」を挿入しましょう。

※練習問題で使用する画像もダウンロードした実習用データの中に含まれています。実習用データのダウンロードについては本書の P.（4）を参照してください。

3 挿入した画像「パン」に "文字列の折り返し：四角形" を設定し、完成例を参考に位置とサイズを調整しましょう。

4 21 行目の文字列 "内容" の左側に画像「クッキーとケーキ」を挿入しましょう。

5 挿入した画像「クッキーとケーキ」に "文字列の折り返し：四角形" を設定し、完成例を参考に位置とサイズを調整しましょう。

6 6 行目（空白行）の先頭に "ケーキ" の形のアイコンを挿入しましょう。

7 挿入したアイコンに "文字列の折り返し：背面" を設定し、完成例を参考に位置とサイズを調整しましょう。また、塗りつぶしの色を "テーマの色" の "ゴールド、アクセント 4、白 + 基本色 60%" に設定しましょう。

8 文書を 1 部印刷しましょう。

9 文書を上書き保存して閉じましょう。

＜完成例＞

2020 年 9 月 9 日↵

会 員 各 位↵

クッキングサークル↵
フィオーレ↵
代表□山田□光子↵

パン・お菓子づくり講座のご案内↵

　10 月の料理教室は「手軽に作れるパン・お菓子」と題して、地元の小麦を使ったパンと家庭で簡単に作れるお菓子を紹介します。↵
　皆様お誘いあわせのうえ、ご参加くださいませ。↵

開催日時：10 月 9 日□午後 2 時～午後 4 時↵

会□□場：サンスクエアガーデン西棟 1 階↵
　　　　　クッキングルーム↵

定□□員：10 名↵

申込方法：事務局まで直接お電話にてお申し込み↵

内容↵

● → 地元の小麦で作る無添加パン□参加費※：~~1,500~~ 円→**1,000** 円↵

● → 簡単クッキーとケーキ□□□□参加費：~~1,000~~ 円→**700** 円↵

※参加費は材料費込みの金額です。↵

【章末練習問題 2】青葉山登山のお誘い

📁 スクール基礎 _Word 2019 ▶ 📁 CHAPTER6 ▶ 📁 章末練習問題 ▶ w 「Chap6_ 青葉山登山のお誘い」

1 文書「Chap6_ 青葉山登山のお誘い」を開きましょう。
　※ CHAPTER5 の章末練習問題で作成した文書を使用してもかまいません。

2 3 行目（空白行）に画像「山登り」を挿入しましょう。

3 挿入した画像「山登り」に "文字列の折り返し：狭く" を設定し、完成例を参考に位置とサイズを調整しましょう。

4 任意の行に画像「青葉山の写真」を挿入しましょう。

5 挿入した画像「青葉山の写真」に "文字列の折り返し：前面" を設定し、完成例を参考に位置とサイズを調整しましょう。

6 文字列 "臨時バス時刻表" の左側に "バス" の形のアイコンを挿入しましょう。

7 挿入したアイコンの高さが 7mm 前後になるようにサイズ調整し、行内での位置を "間隔：6pt" に下げましょう。また、塗りつぶしの色を "テーマの色" の "緑、アクセント 6" に設定しましょう。

8 文書を 1 部印刷しましょう。

9 文書を上書き保存して閉じましょう。

＜完成例＞

9月10日は青葉山の日
～青葉山に登って自然を満喫しよう！～

標高910m、ブナやカエデの原生林が広がる青葉山は、四季折々に様々な表情が楽しめる美しい山です。登山道はなだらかで、山頂までの景色を楽しみながらのんびりと登ることができます。標高にちなみ、9月10日は青葉山の日になっています。この日に青葉山登山を楽しみませんか？

登頂された方には登頂証明書を授与いたします。また、山頂では軽食のサービスや記念グッズの配布も予定しております。

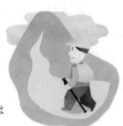

【実施日】□9月10日（日）↓

午前8時〜午後4時の間は登山口と山頂にボランティアガイドが待機します。初心者の方や不安な方はボランティアガイドと一緒に登れます。当日は、駅⇔登山口間を臨時バスが運行します。

臨時バス時刻表

《発》→ 松野駅	→《着》 青葉山入口	《発》→ 青葉山入口	→《着》 松野駅
9:15	9:30	－	－
10:15	10:30	11:15	11:30
－	－	15:00	15:15
－	－	16:00	16:15
－	－	17:00	17:15

登山口には駐車場もございます。

《主催》‥松野市観光協会
《協力》‥青葉山同好会

山登りを楽しもう！

総合練習問題

学習のまとめとして、総合練習問題に挑戦しましょう。メモ書き程度の情報や、少ない指示をたよりに文書を作成する練習を行います。

練習で作成した文書が本書の完成例と多少違っていても問題はありません。ここまでの学習を活かして自分なりの文書を作成しましょう

【総合練習問題1】定例役員会議のお知らせ

メモ書きの情報を基に白紙の状態から文書を完成させましょう。

1　白紙の文書（A4縦1枚）に、以下の＜情報メモ＞と＜書式の指示＞を基にして＜作成イメージ＞のような文書を作成しましょう。

※作成イメージはあくまで参考です。文章などの内容は独自のものに変更してもかまいません。

＜情報メモ＞

> **定例役員会議**
>
> 10月25日（火）
> 南町公民館　1階会議室にて
> 19時開始、21時終了予定
> 当日出席できない場合は、前日までに自治会長まで連絡
> （電話：000-123-1234）
>
> ※発信者は"南町自治会長　三浦　光雄"

＜書式の指示＞

- ・表題は他の文字よりも大きくして（約16pt）、フォントも太い書体を使用する。
- ・本文（拝啓～敬具の部分）は行間を少し広げる（約1.15行）
- ・記書きの箇条書き部分は行間を広げて（約1.5行）、行のはじまりを10字の位置からにする。また、すべての項目名を4字の幅にして揃え、先頭に「■」を付ける。
- ・当日出席できない場合の連絡については、段落を罫線で囲んで強調する。

＜作成イメージ＞

2020 年 10 月 1 日↵

役員各位↵

南町自治会長↵

□□□□□□□

[   ]**のお知らせ**↵

↵

拝啓□[ ]の候、ますます御健勝のこととお慶び申し上げます。平素は自治会活動にご尽力いただきまして、誠にありがとうございます。↵

　さて、このたび定例役員会議を下記のとおり実施いたしますのでご案内申し上げます。つきましては、ご多忙中とは存じますが、役員の皆様方のご出席をお願い申し上げます。↵

敬具↵

↵

記↵

↵

■→実　施　日□□□[   ]

■→時　　　間□□□[   ]

■→場　　　所□□□[   ]

↵
↵

なお当日出席できない場合は、前日までに自治会長までご連絡ください。↵
（電話：000-123-1234）↵

↵

以上↵

↵
↵

2 文書を 1 部印刷しましょう。

3 文書に「定例役員会議のお知らせ」という名前を付けて保存しましょう。

【総合練習問題 2】夏の親子旅行のご案内

作成済みの文書を修正して、新しい文書を作成する練習をしましょう。

📁 スクール基礎_Word 2019 ▶ 📁 総合練習問題 ▶ Ⓦ「夏の親子旅行のご案内（2019年）」

1 文書「夏の親子旅行のご案内（2019年）」を開きましょう。

2 ＜情報メモ＞と＜書式の指示＞を参考に、文書を2020年開催の内容に修正しましょう。

＜情報メモ＞

夏の親子旅行（2020年）

旅行日は7月30日（日）
行き先は大園水族館・アクアガーデン大園
集合時刻は午前8時15分
集合場所は市営駐車場
参加費は1000円（大人1名）
申し込みは7月10日までに会長（筆安）まで連絡

※案内文書は子ども会会員あてに6月25日ごろ配布
　発信者は"南町子ども会　会長　筆安　祥子"

旅程として以下のような表を記載

予定時刻	予定地
8:30	市営駐車場出発
9:30 ～ 13:30	大園水族館（自由行動）
14:00 ～ 15:30	アクアガーデン大園（昼食・自由行動）
16:30	市営駐車場帰着

＜書式の指示＞

・表題には他と違う目立つ書式（効果と体裁）を設定。

・文書内の空いている箇所に「夏イラスト」の画像を挿入（サイズは適宜調整）。

・本文（拝啓～敬具の部分）の行間を少し広げる（約1.15行）

・本文中の「筆安」の文字にふりがな「ふでやす」を表記。

・その他の書式設定は任意。

3 文書を1部印刷しましょう。

4 文書に「夏の親子旅行のご案内（2020年）」という名前を付けて保存しましょう。

【総合練習問題 3】 手づくりフェスタのチラシ

完成イメージを参考に、設定する書式を推測して文書を完成させましょう。

🗁 スクール基礎_Word 2019 ▶ 🗁 総合練習問題 ▶ �w 「手づくりフェスタのチラシ（原文）」

①　文書「手づくりフェスタのチラシ（原文）」を開きましょう。

②　以下の＜完成イメージ＞を参考に、文書に書式を設定しましょう。

＜完成イメージ＞

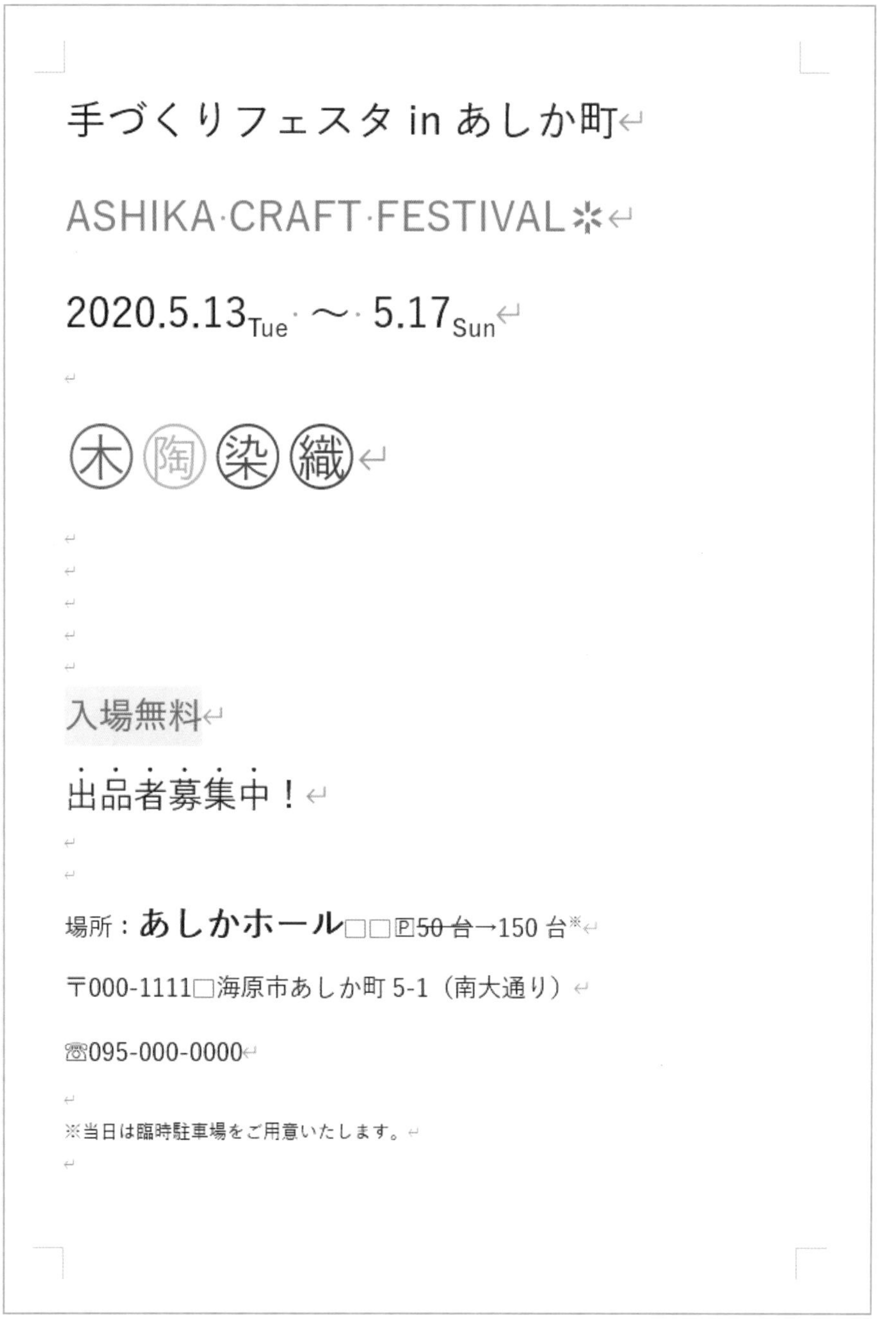

手づくりフェスタ in あしか町↵

ASHIKA·CRAFT·FESTIVAL※↵

2020.5.13Tue·～·5.17Sun↵

↵

入場無料↵

出品者募集中！↵

場所：あしかホール□□Ⓟ50台→150台※↵

〒000-1111□海原市あしか町5-1（南大通り）↵

☎095-000-0000↵

↵

※当日は臨時駐車場をご用意いたします。↵

③　文書を1部印刷しましょう。

④　文書に「手づくりフェスタのチラシ（書式設定）」という名前を付けて保存しましょう。

⊙ OnePoint　一般的なお知らせ文書のレイアウト例

一般的なお知らせ文書のレイアウト例を紹介します。次のページの文例と合わせて参考にしてください。

①発信日

②宛名（相手先）

③発信者

④表題

⑤頭語　⑥時候のあいさつ　、⑦安否のあいさつ　とお慶び申し上げます。　⑧感謝のあいさつ

⑨起こし言葉　、⑩主文１

⑪起こし言葉　、⑫主文２

⑬結び言葉

⑭結語

記

⑮別記（箇条書き）

⑯補足や追記事項

以上

⬅ **One Point**　**一般的なお知らせ文書の文例**

総合練習問題

一般的なお知らせ文書の文例を紹介します。前のページのレイアウト例と合わせて参考にしてください。

⑤頭語	拝啓　謹啓　前略（前略の場合はすぐに用件に入る）　　など				
⑥時候のあいさつ	陽春の候　残暑の候　師走の候　　など季節に合わせて				
⑦安否のあいさつ	企業団体向け	貴社　貴行　貴店　貴所	ますますいよいよ	ご隆盛のこととご清栄のことと	
	個人向け	省略または　時下		ご健勝のこととご清祥のことと	
⑧感謝のあいさつ	ビジネス向け	Word のあいさつ文挿入機能を活用（CHAPTER1 を参照）			
	ビジネス以外	いつも平素は日頃は	○○（に）ご協力○○（に）ご尽力○○（に）ご理解ご協力	いただき賜り	誠にありがとうございます。厚く御礼申し上げます。
⑨起こし言葉	さて　早速ですが　など				
⑩主文１	このたび○○を恒例（定例）の○○を本年度（来年度）の○○を来る□月□日に○○をこのたび弊社では○○を毎次、ご尽力いただいております○○を初めての試みとなります○○をかねてより御案内しておりました○○を		実施（開催）いたします（することになりました）。下記のとおり実施（開催）いたします。下記の要領で実施（開催）いたします。実施することとなりましたので、ご案内申し上げます。計画（予定）しております。		
⑪起こし言葉	つきましては　　誠に恐縮ですが　　ご多忙（ご多用）中とは存じますが　　など				
⑫主文２	皆様の○○様の○○の皆様方の（例：役員の皆様方の）○○への（例：清掃活動への）○○の（例：申込書の）		ご協力をご出席をご参加をご回答をご確認をご連絡をご提出を	お願い申し上げます。よろしくお願い申し上げます。何卒お願い申し上げます。ぜひともお願い申し上げます。お待ち申し上げます。いただけますよう、お願い申し上げます。	
⑬結び言葉	ビジネス向け	今後ともいっそうのお引き立てを賜りますよう、よろしくお願い申し上げます。引き続き倍旧のご厚情を賜りたく、切にお願い申し上げます。			
⑭結語	敬具　敬白　草々　　など（頭語との組み合わせが決まっているので注意）				
⑮別記	具体的な内容を箇条書きで表記				
⑯補足事項	補足や注意点などがあれば記載				

※⑧感謝のあいさつの○○の部分には「自治会活動に」「町内活動に」「学校活動に」などの語句を入れるとよいでしょう。特に適当なものがなければ「何かと」や「いろいろと」という表現でもかまいません。
※⑩主文１の○○の部分には「清掃活動」「定例会議」「親睦会」など、お知らせをしたい事柄を入れるとよいでしょう。

【総合練習問題1】定例役員会議のお知らせ　完成例

2020 年 10 月 1 日

役員各位

南町自治会長

三浦□光雄

定例役員会議のお知らせ

拝啓□秋冷の候、ますます御健勝のこととお慶び申し上げます。平素は自治会活動にご尽力いただきまして、誠にありがとうございます。

　さて、このたび定例役員会議を下記のとおり実施いたしますのでご案内申し上げます。つきましては、ご多忙中とは存じますが、役員の皆様方のご出席をお願い申し上げます。

敬具

記

■→実 施 日□□□10 月 25 日（火）

■→時　　間□□□19 時開始□21 時終了予定

■→場　　所□□□南町公民館□1 階会議室

なお当日出席できない場合は、前日までに自治会長までご連絡ください。
（電話：000-123-1234）

以上

【総合練習問題2】夏の親子旅行のご案内　完成例

2020年6月25日

子ども会会員各位

南町子ども会

会長□筆安□祥子

夏の親子旅行のご案内

拝啓□初夏の候、ますます御健勝のこととお慶び申し上げます。平素は子ども会活動にご協力いただきまして、誠にありがとうございます。

　さて、来る7月30日に「夏の親子旅行」を下記の要領で実施いたします。参加を希望される方は、7月10日までに会長（筆安）までお申し込みください。

敬具

記

行 き 先：大園水族館・アクアガーデン大園
日　　程：7月30日（日）
参 加 費：1000円（大人1名）
集合場所：市営駐車場
集合時間：午前8時15分

＜旅□程＞

予定時刻	予定地
8:30	市営駐車場出発
9:30～13:30	大園水族館（自由行動）
14:00～15:30	アクアガーデン大園（昼食・自由行動）
16:30	市営駐車場帰着

以上

【総合練習問題 3】手づくりフェスタのチラシ　完成例

手づくりフェスタ in あしか町

ASHIKA・CRAFT・FESTIVAL ✳

2020.5.13Tue ～ 5.17Sun

入場無料

出品者募集中！

場所：**あしかホール**□□Ⓟ~~50 台~~→150 台※

〒000-1111□海原市あしか町 5-1（南大通り）

☎095-000-0000

※当日は臨時駐車場をご用意いたします。

文書全体のフォント：
游ゴシック Medium

1～3 行目のフォントサイズ：24pt

2 行目のフォントの色：
青、アクセント 5

3 行目の「Tue」と「Sun」
下付き

5 行目のフォントサイズ：
28pt

5 行目の各文字：囲い文字
（文字のサイズを合わせる）

11 行目～ 12 行目のフォントサイズ：20pt

11 行目「入場無料」
フォントの色：赤　網かけ

12 行目「出品者募集中」
傍点（・）

15 行目～ 17 行目のフォントサイズ：14pt

---

5 行目のフォントの色：
「木」…オレンジ、アクセント 2、黒 + 基本色 50%
「陶」…ゴールド、アクセント 4、黒 + 基本色 25%
「染」…紫
「織」…青、アクセント 5、黒 + 基本色 50%

15 行目
「あしかホール」：フォントサイズ 20pt　太字
「Ⓟ」…囲い文字（外枠のサイズを合わせる）
「50 台」…取り消し線
「※」…上付き

Index

■本書についての最新情報、訂正、重要なお知らせについては下記 Web ページを開き、書名もしくは ISBN 検索してください。ISBN で検索する際は‐（ハイフン）を抜いて入力してください。

https://bookplus.nikkei.com/catalog/

■本書に掲載した内容についてのお問い合わせは、下記 Web ページのお問い合わせフォームからお送りください。電話およびファクシミリによるご質問には一切応じておりません。なお、本書の範囲を超えるご質問にはお答えできませんので、あらかじめご了承ください。ご質問の内容によっては、回答に日数を要する場合があります。

https://nkbp.jp/booksQA

いちばんやさしい Word 2019 スクール標準教科書　基礎

2020 年 8 月 24 日　初版第 1 刷発行
2024 年 1 月 10 日　初版第 2 刷発行

著　　　者　　株式会社 日経 BP
発　行　者　　中川 ヒロミ
発　　　行　　株式会社 日経 BP
　　　　　　　東京都港区虎ノ門 4-3-12　〒 105-8308
発　　　売　　株式会社 日経 BP マーケティング
　　　　　　　東京都港区虎ノ門 4-3-12　〒 105-8308
装　　　丁　　重保 咲
印　　　刷　　大日本印刷株式会社

・本書に記載している会社名および製品名は、各社の商標または登録商標です。なお、本文中に TM、®マークは明記しておりません。
・本書の例題または画面で使用している会社名、氏名、他のデータは、一部を除いてすべて架空のものです。